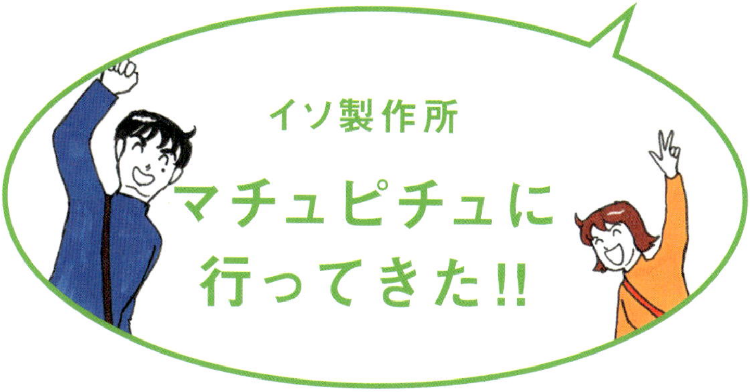

イソ製作所

マチュピチュに行ってきた!!

いそっぷ社

目次

アマゾン編 73

コラム

南米全体図
ベネズエラ
コロンビア
エクアドル
ペルー
ブラジル
ボリビア
チリ
パラグアイ
ウルグアイ
アルゼンチン
キト
エクアドル
ペルー
トルヒーヨ
ワラス
ブラジル
マヌー
国立公園
アンデス山脈
ワンカーヨ
リマ
プエルト・
マルドナード
マチュピチュ
クスコ
ピスコ
ボリビア
ナスカ
ナスカの地上絵
フリアカ
ティティカカ湖
プーノ
ラ・パス
ペルー地図

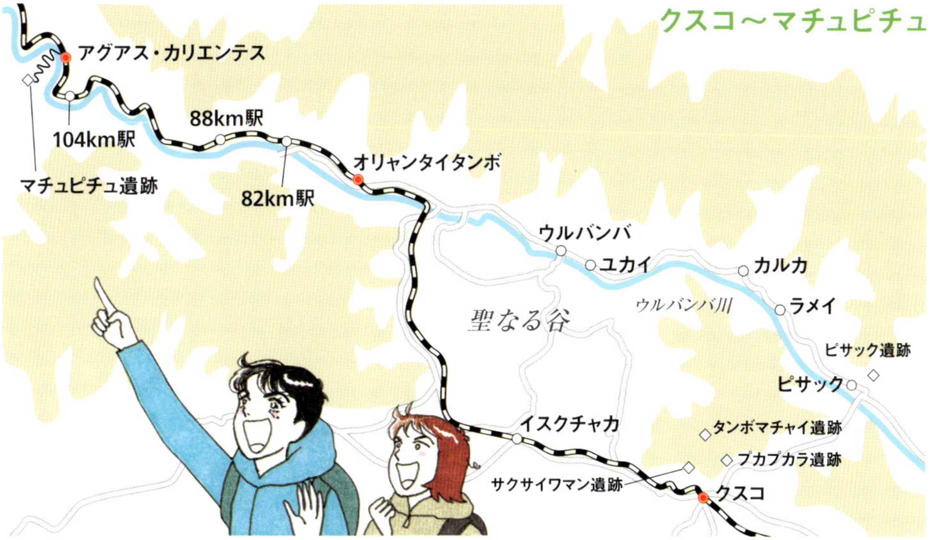

インカトレール

82km駅を出発し、マチュピチュまで47キロのインカ道を
3泊4日で歩くコース。私たちはこれに挑みました。

マチュピチュ情報

●マチュピチュのある国―南米のペルー共和国（首都はリマ）

●マチュピチュの言葉―スペイン語、ケチュア語が公用語。

●ペルーの通貨―ソル（1ソル＝約30円※H23年現在）

●マチュピチュとの時差―日本より14時間遅れ。

●マチュピチュの気候―乾期（4月から10月）は0度～20度ぐらい。雨期（11月から3月）は6度～20度ぐらい。雨期はほぼ毎日雨が降るので雨具は必携。

●マチュピチュの標高―クスコは3400メートルで、マチュピチュは2400メートル。最高地点のワルミワニュスカは4200メートル。

●マチュピチュのベストシーズン―一般的に乾期がいいと言われているが、雨期は霧のマチュピチュがとても神秘的だそうだ。因みに、私たちは10月に行きました。

●マチュピチュへの交通手段―列車は3つのクラスがあり、値段も異なる。最も一般的なビスタドームという列車はクスコからアグアス・カリエンテス駅までは約4時間弱。1日に1便しか運行していない。アグアス・カリエンテス駅から遺跡まではバスで25分。

※雨期には土砂崩れで列車が不通になるときもあるので要注意。

●マチュピチュでの両替―米ドル、ユーロとも両替商で両替できる。日本からドルを用意していくといい。

※マチュピチュ村はクスコよりレートが悪いので、両替はクスコの方がお得。

●飲み水やトイレ―水道水よりミネラルウォーターの方が無難（炭酸入りとなしがある）。公衆トイレは有料なので小銭が必要。

※使用済みのトイレットペーパーは流せないので、備え付けのゴミカゴへ必ず捨てましょう。

●インカトレール―マチュピチュまでの山道を歩くインカトレールツアーは公認のガイドをつけることを義務付けられている。ツアーは色々あるが、3泊4日が最も一般的。また人数規制があるので予約が必要だ。ハイシーズンなら3か月前、オフシーズンでも1か月前に予約しよう。

※夜は0度を下回ることもあるので防寒具は必携。

※水はキャンプ地近辺でも得られるが、1日目の分はクスコから持参しよう。

●高山病対策―高地登山はゆっくりと体を順応させながら登るのが鉄則。

※症状がひどい時は少し下山すると楽になる。

※食事・アルコールは控えめに、水分をたくさん取るとよい。

※高山病の予防薬や酸素ボンベも売っている。

マチュピチュ編

出発

そんな私も
マチュピチュの
ガイドブックを見ては
「ここへ行くのね♥」
と胸躍らせるようになり

出発当日は
久しぶりの海外旅行
ということもあって
朝からはしゃいでいました

その後
ベッドから転げ落ち
のた打ち回る苦しみに
あうことも知らずに――

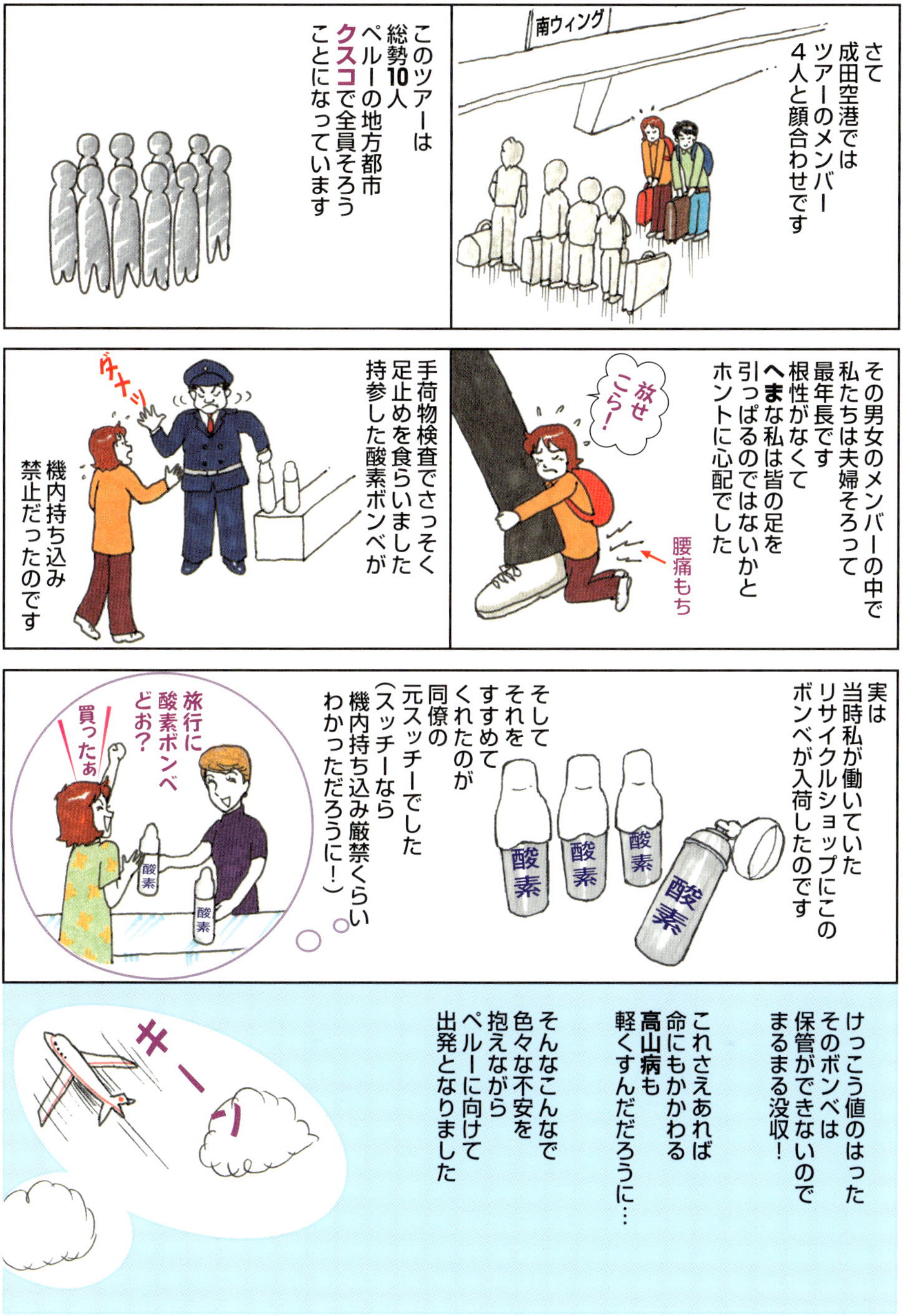

南ウィング
さて
成田空港では
ツアーのメンバー
4人と顔合わせです
このツアーは
総勢10人
ペルーの地方都市
クスコで全員そろう
ことになっています
その男女のメンバーの中で
私たちは夫婦そろって
最年長です
根性がなくて
へまな私は皆の足を
引っぱるのではないかと
ホントに心配でした
放せこら!
腰痛もち
手荷物検査でさっそく
足止めを食らいました
持参した酸素ボンベが
機内持ち込み
禁止だったのです
ダメッ
実は
当時私が働いていた
リサイクルショップにこの
ボンベが入荷したのです
酸素
酸素
酸素
酸素
そして
それを
すすめて
くれたのが
同僚の
元スッチーでした
(スッチーなら
機内持ち込み厳禁くらい
わかっただろうに!)
旅行に
酸素ボンベ
どお?
買ったぁ
酸素
酸素
けっこう値のはった
そのボンベは
保管ができないので
まるまる没収!
これさえあれば
命にもかかわる
高山病も
軽くすんだだろうに…
そんなこんなで
色々な不安を
抱えながら
ペルーに向けて
出発となりました
キーーン

さて　メンバーの紹介です
このツアーの引率者　エハン・デラヴィ
スコットランド人で日本人の奥さんと大阪在住の冒険家
知る人ぞ知る　けっこう有名人のようです　（本を何冊か出版している）
パワーか　フォースか
その娘マーサ　ミュージシャン　カナダ在住
ついに風来坊のイソ君
能天気な私は漫画家を目指しています
S社の若き社長　人の良いセオさん
その社員のヤマさん
とても私と同世代には見えないオシャレなOL　マミ
こちらもC社の若き社長　コーさん
血糖値どうしよう…
運動不足から糖尿病の気あり
福岡在住の大和撫子ミキ
その息子マーくん　父親はカナダ人　（なかなかいい子です）
以上の10人がメンバーです　類は類を呼ぶ――　全員スピリチュアルにどっぷりつかっている変人ばかりです
7日間の断食をやったこともあるよ
みんなが若いって♥
年相応よ

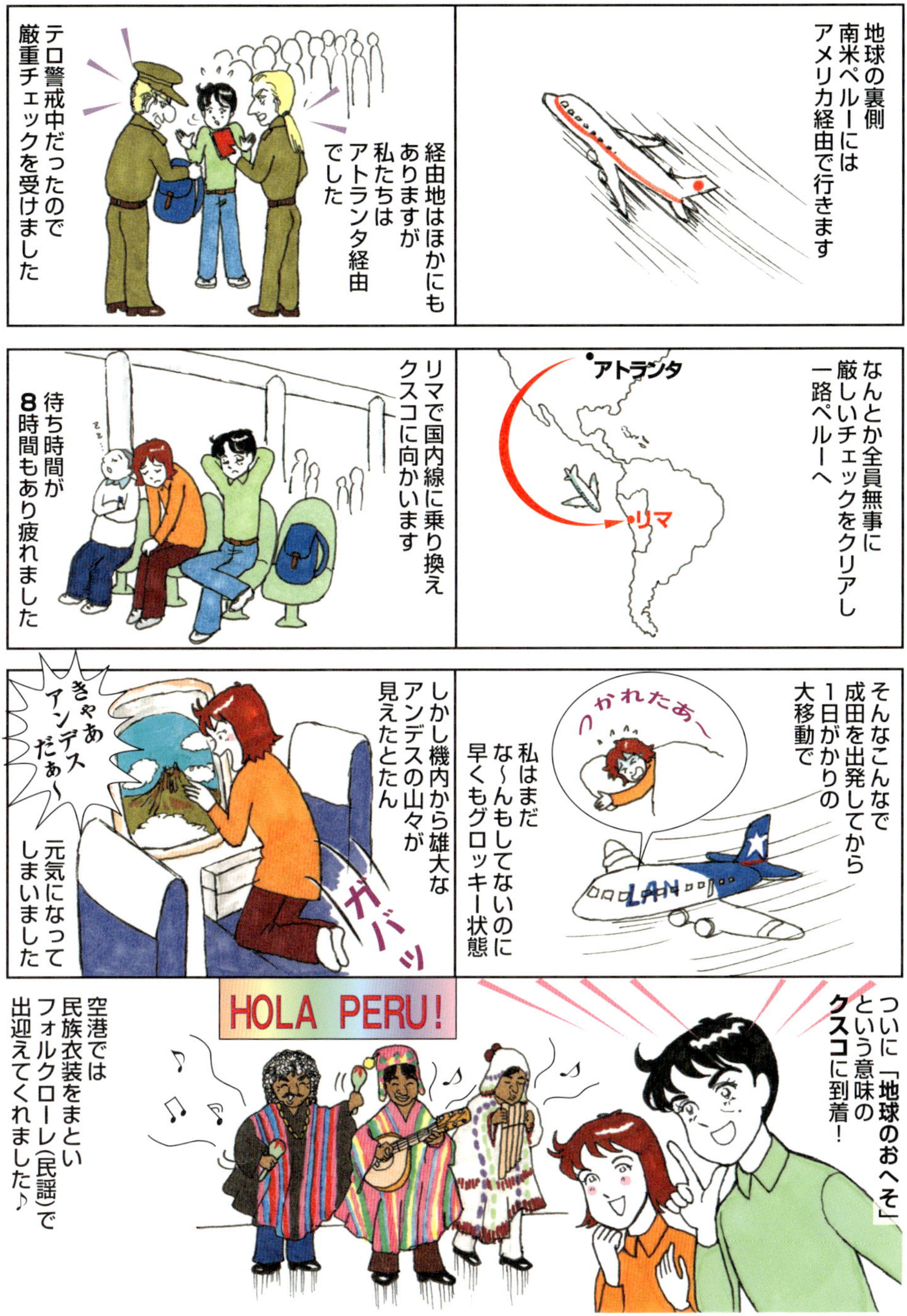

地球の裏側
南米ペルーには
アメリカ経由で行きます
経由地はほかにも
ありますが
私たちは
アトランタ経由
でした
テロ警戒中だったので
厳重チェックを受けました
なんとか全員無事に
厳しいチェックをクリアし
一路ペルーへ
アトランタ
リマ
リマで国内線に乗り換え
クスコに向かいます
待ち時間が
8時間もあり疲れました
そんなこんなで
成田を出発してから
1日がかりの
大移動で
つかれたあ〜
LAN
私はまだ
な〜んもしてないのに
早くもグロッキー状態
しかし機内から雄大な
アンデスの山々が
見えたとたん
きゃあ
アンデス
だぁ〜
ガバッ
元気になって
しまいました
ついに「地球のおへそ」
という意味の
クスコに到着！
HOLA PERU!
空港では
民族衣装をまとい
フォルクローレ(民謡)で
出迎えてくれました♪

高山病

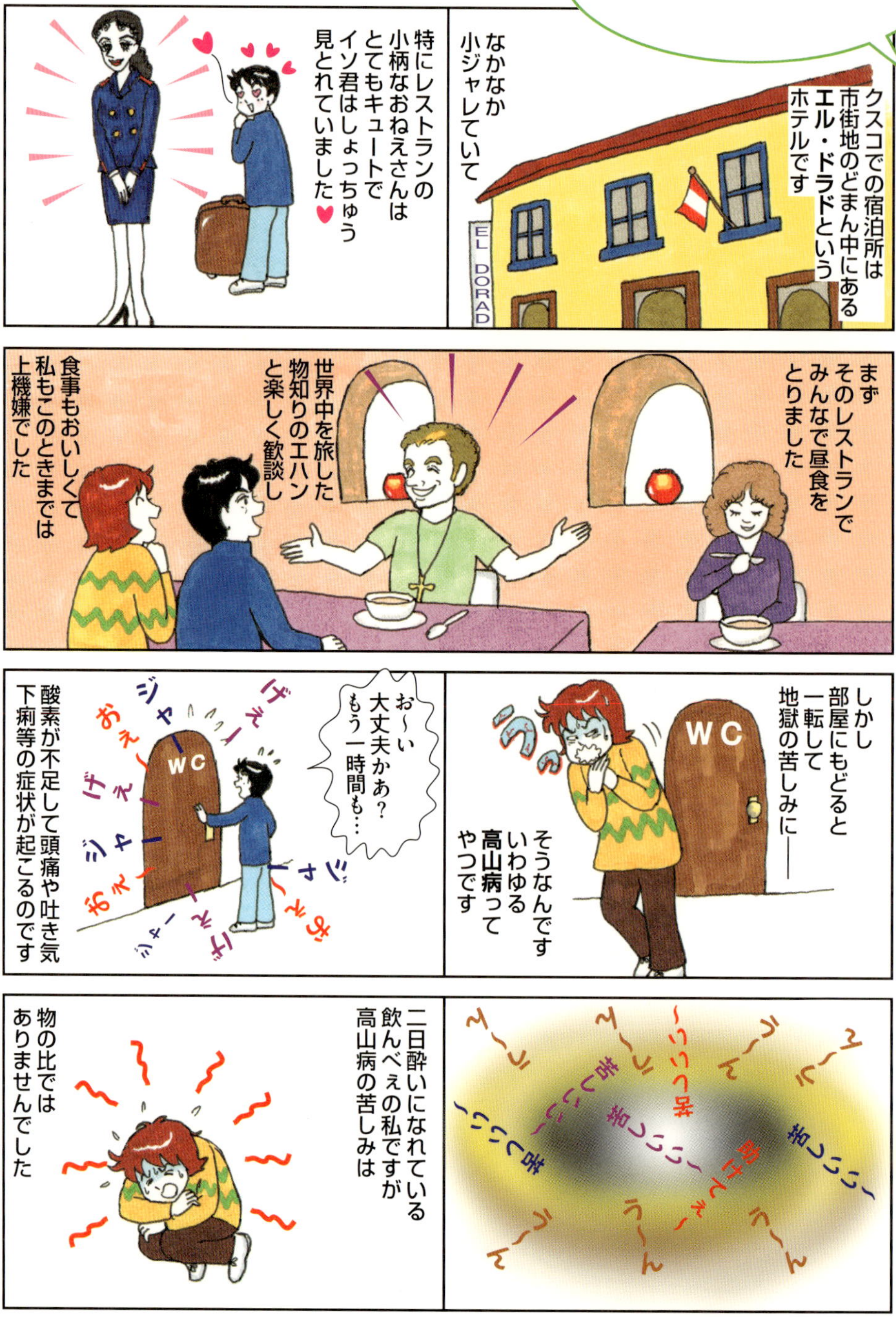

クスコでの宿泊所は
市街地のどまん中にある
エル・ドラドという
ホテルです
EL DORAD
なかなか
小ジャレていて
特にレストランの
小柄なおねえさんは
とてもキュートで
イソ君はしょっちゅう
見とれていました♥
まず
そのレストランで
みんなで昼食を
とりました
世界中を旅した
物知りのエハン
と楽しく歓談し
食事もおいしくて
私もこのときまでは
上機嫌でした
しかし
部屋にもどると
一転して
地獄の苦しみに——
WC
うっ
そうなんです
いわゆる
高山病って
やつです
お〜い
大丈夫かぁ？
もう一時間も…
WC
げぇ〜
おぇ〜
ジャー
酸素が不足して頭痛や吐き気
下痢等の症状が起こるのです
苦しい〜
助けてぇ〜
う〜ん
二日酔いになれている
飲んべぇの私ですが
高山病の苦しみは
物の比では
ありませんでした

イソ君も少々
気分が悪かったけれど
夕食時にはみんなと
街へ出かけました
すぐ
帰るから…
その間
私はベッドから転げ落ち
床で七転八倒し
のたうち回っていました
ころ
高山病は
ほんとうはとても
恐い病気なのです
運の悪い人は最悪
死にいたる
こともあります
クスコの標高は
3400メートルもあり
富士山の8合目ほどで
空気もかなり
薄いのです
パク
パク
眠るときさえも
常に深呼吸
していないと
息苦しくて
たまらないのです
高山病には
コカインの原料となる
コカの葉茶が効くと
いわれていますが
ちっとも
効きませんでした
もだえ苦しむ中
救急車を
呼びたくても
ここはペルー
スペイン語
なんて
わかりません
こんなとき
夫はなぜ
いない…
コトバも
通じない
街で楽しく
夕食を終えて
帰ってきたイソ君に
私はこのように
のたまいました
こまった
なあ〜
もう
帰る!!
日本に
ぜったい
帰る!!

クスコ観光

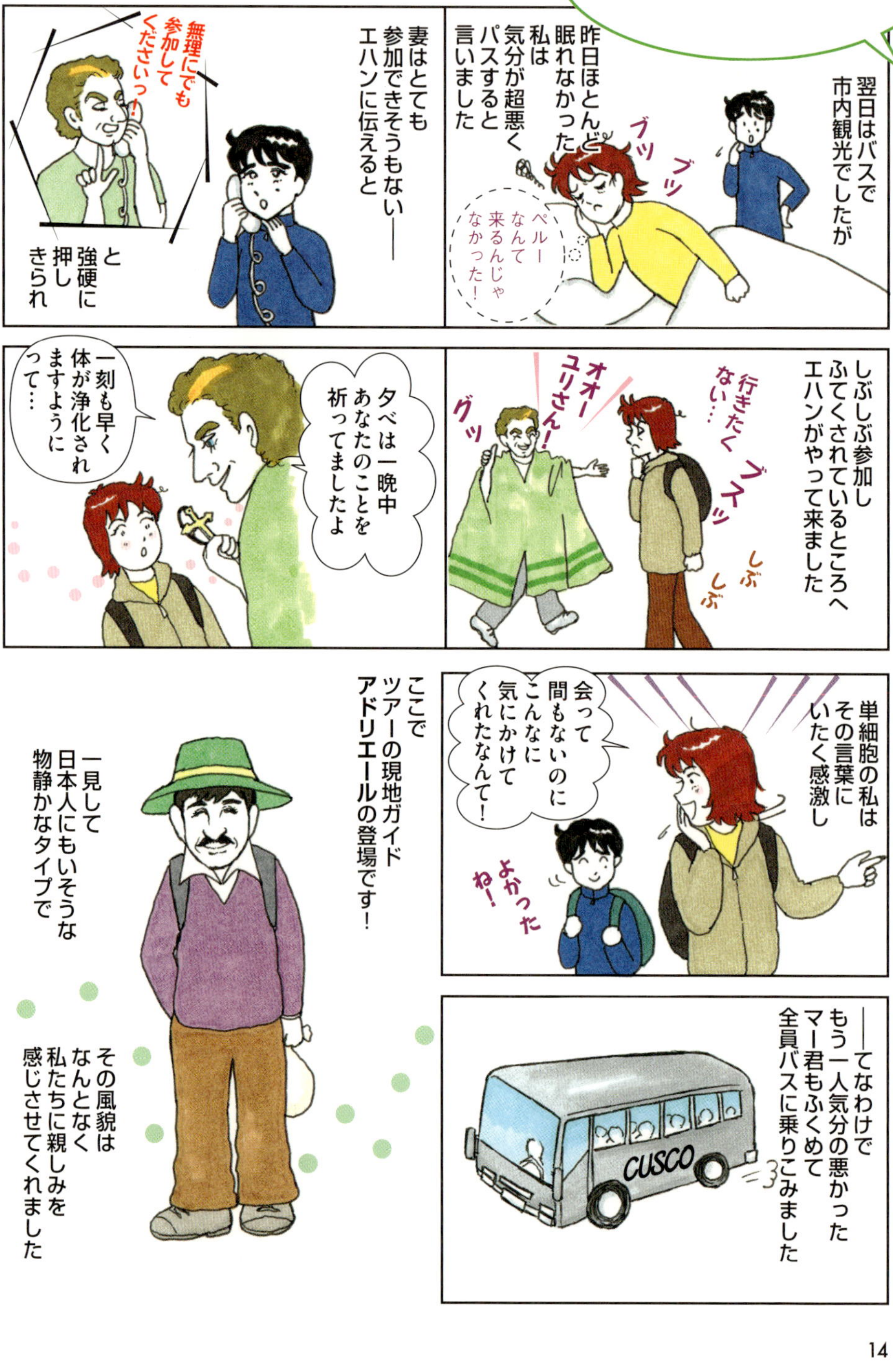

翌日はバスで市内観光でしたが
昨日ほとんど眠れなかった私は気分が超悪くパスすると言いました
ブッ ブッ
ペルーなんて来るんじゃなかった！
妻はとても参加できそうもない――エハンに伝えると
無理にでも参加してくださいっ！
と強硬に押しきられ
しぶしぶ参加しふてくされているところへエハンがやって来ました
行きたくない…
ブスッ
しぶ しぶ
オオーユリさん！
グッ
夕べは一晩中あなたのことを祈ってましたよ
一刻も早く体が浄化されますようにって…
単細胞の私はその言葉にいたく感激し
会って間もないのにこんなに気にかけてくれたなんて！
よかったね！
ここでツアーの現地ガイドアドリエールの登場です！
一見して日本人にもいそうな物静かなタイプで
その風貌はなんとなく私たちに親しみを感じさせてくれました
――てなわけでもう一人気分の悪かったマー君もふくめて全員バスに乗りこみました
CUSCO

最初に訪れたのは
サクサイワマン遺跡でした
ここは
インカ時代に
80年の歳月と
3万人を動員
して築城された
要塞跡地です
三層の巨石が
えんえん
360メートルも
続きます
クスコの街は全体が
ピューマの形をしていて
ここはちょうど
その頭部にあたります
ガルル…
三層の巨石は
ピューマの
歯の部分なのです
丘の上にある
この遺跡からは
赤銅色の山懐
に抱かれた
クスコの街が
一望できます
ここで
私たちは
初めての儀式を
行いました
皆で輪になり
手をつないで
「風」とコンタクト
するのです
しばらくすると
ほんとうに
今までないでいた風が
突然ヒューヒューと
吹いてきました
ヒョォォ…
ヒョォォ…
ヒョォォ…
アドリエールが
静かに言いました
我々の
祖先が
皆さんを
歓迎して
いるのです
素直な
イソ君は
真剣に
うなずいて
いました

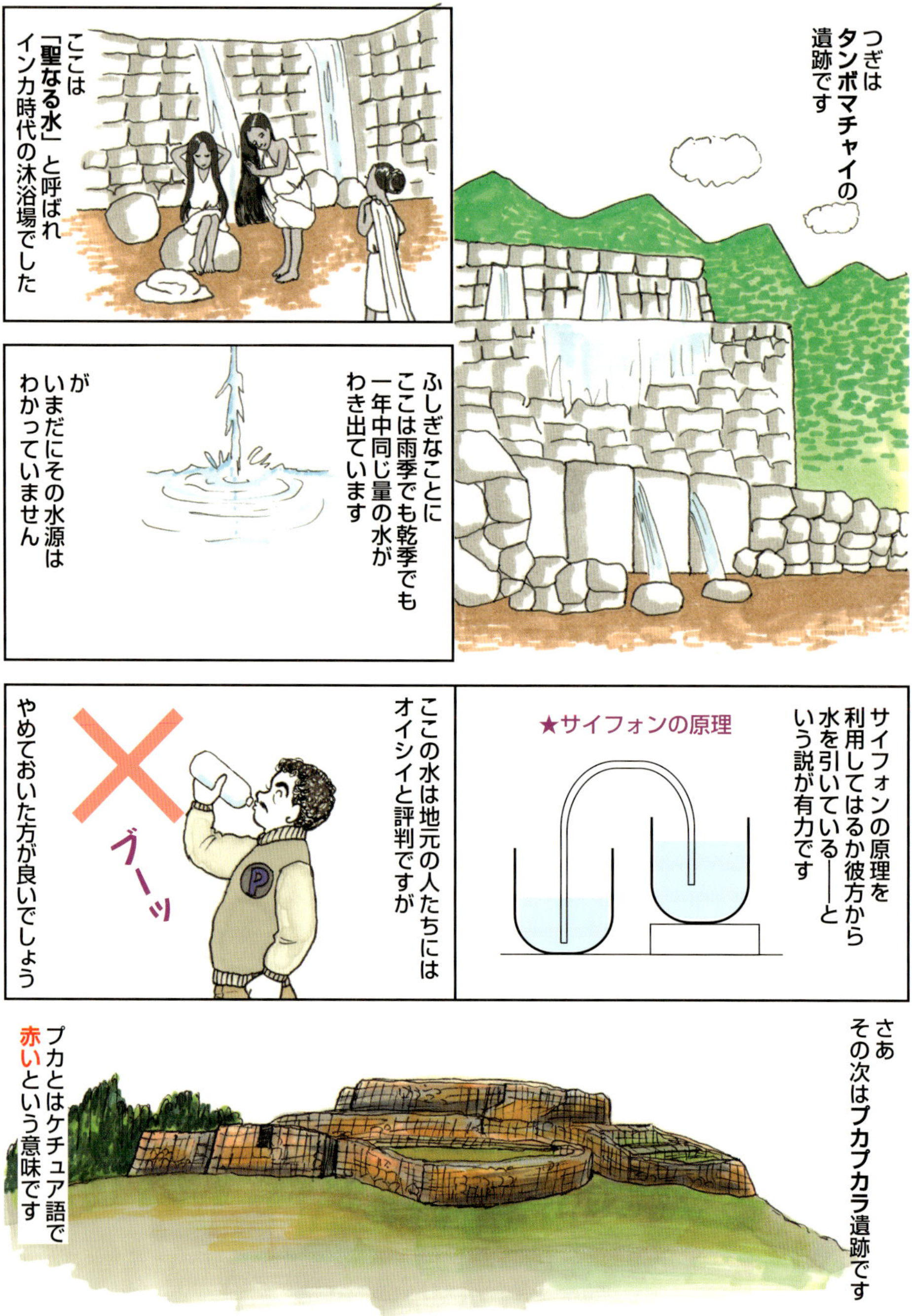
つぎは
タンボマチャイの
遺跡です
ここは
「聖なる水」と呼ばれ
インカ時代の沐浴場でした
ふしぎなことに
ここは雨季でも乾季でも
一年中同じ量の水が
わき出ています
が
いまだにその水源は
わかっていません
サイフォンの原理を
利用してはるか彼方から
水を引いている——と
いう説が有力です
★サイフォンの原理
ここの水は地元の人たちには
オイシイと評判ですが
ブーッ
やめておいた方が良いでしょう
さあ
その次はプカプカラ遺跡です
プカとはケチュア語で
赤いという意味です

ここは
タンボマチャイから歩いて
5分の所にあります
インカ王など貴族たちが
沐浴する時の見張り場
だったそうです
ここの石は
赤っぽい安山岩と
石灰岩でできています
ここで武器が見つかったので
赤い要塞とも呼ばれています
遠くにインカの霊峰
アウサンガテの山も望めます
この見晴らしの良い場所で
ランチタイムとなりました
お待ちかね～ おひる ですよぉ～
エハンたちが
ちゃんとおいしそうな
ランチボックスを用意して
おいてくれました
クスコの抜けるような
青い空の下
最悪だった体調も
ようやく回復し
皆で楽しく
おいしいひとときを
過ごしました

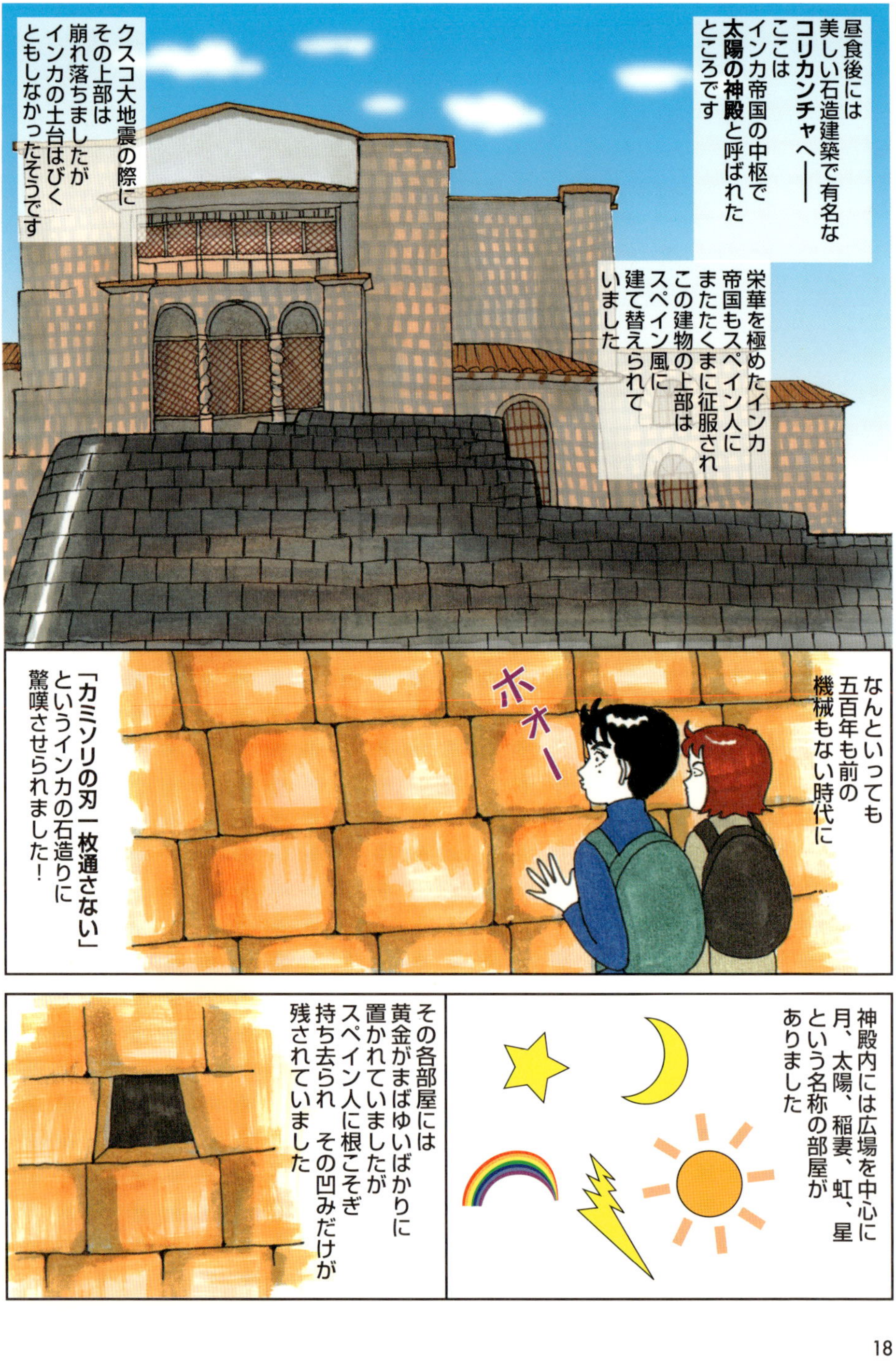
昼食後には美しい石造建築で有名なコリカンチャへ――ここはインカ帝国の中枢で**太陽の神殿**と呼ばれたところです
栄華を極めたインカ帝国もスペイン人にまたたくまに征服されこの建物の上部はスペイン風に建て替えられていました
クスコ大地震の際にその上部は崩れ落ちましたがインカの土台はびくともしなかったそうです
なんといっても五百年も前の機械もない時代に
ホォー
「カミソリの刃一枚通さない」というインカの石造りに驚嘆させられました！
神殿内には広場を中心に月、太陽、稲妻、虹、星という名称の部屋がありました
その各部屋には黄金がまばゆいばかりに置かれていましたがスペイン人に根こそぎ持ち去られ　その凹みだけが残されていました

ある部屋に石台がポツンと置かれていました
ん？
それに上ってみると
おおっ
なんと！
ここの窓と向こうの部屋の3つの窓が同じ高さにありピタリと重なるのです
もうこれは古代インカ人の**匠の技**としか言いようがないです
各部屋の壁は内側に**10度**ほど傾斜していて耐震構造になっています
イイ仕事するねえ
かしこいね！
このみごとな大きな石組みの中に最小の石があるというので探してみると――
あったよぉ〜！
指先ほどの大きさでした
コリカンチャに入ってすぐ左の部屋にありました

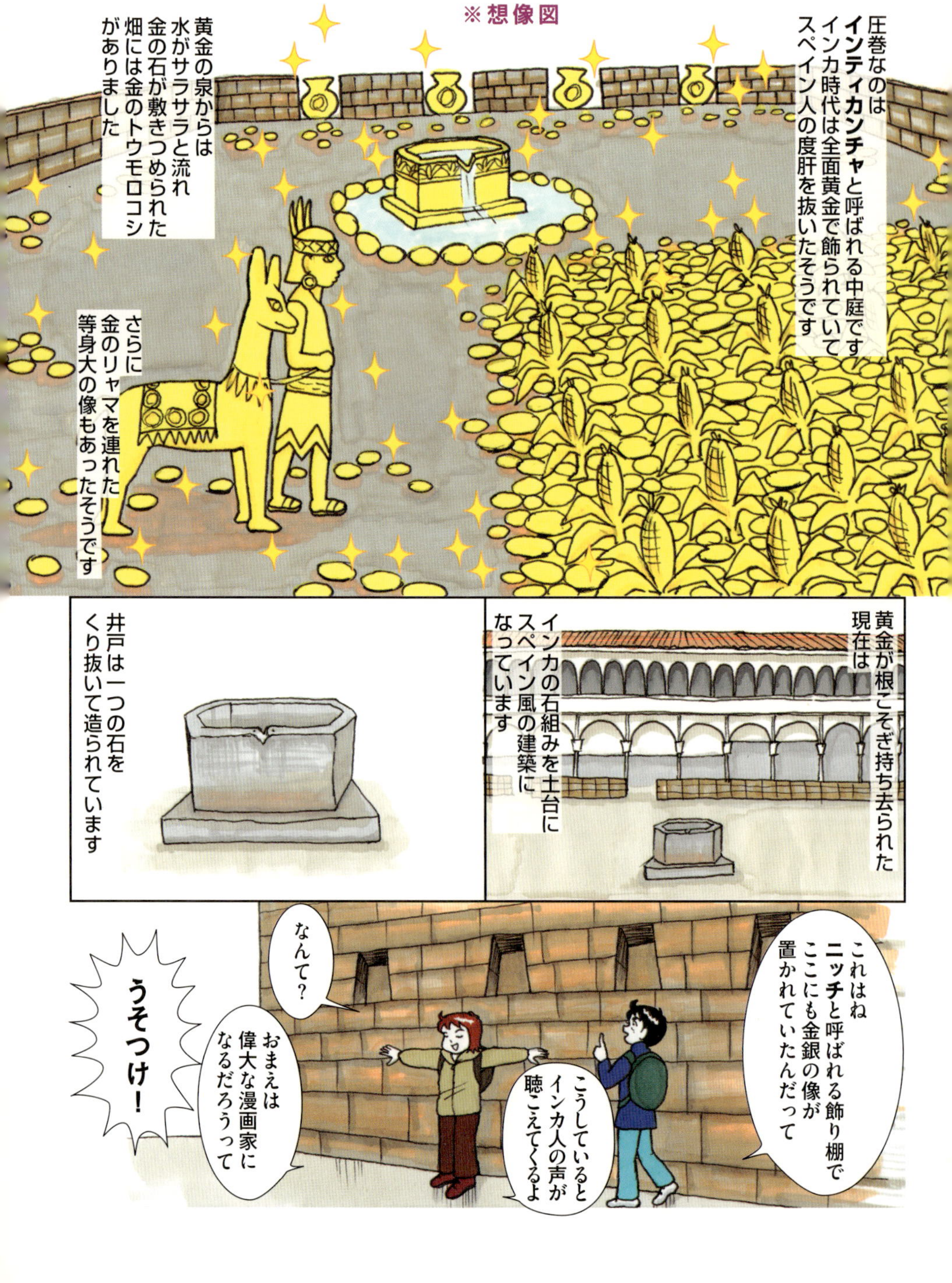
※想像図
圧巻なのは インティカンチャと呼ばれる中庭です
インカ時代は全面黄金で飾られていて スペイン人の度肝を抜いたそうです
黄金の泉からは水がサラサラと流れ 金の石が敷きつめられた畑には金のトウモロコシがありました
さらに金のリャマを連れた等身大の像もあったそうです
黄金が根こそぎ持ち去られた現在は
インカの石組みを土台にスペイン風の建築になっています
井戸は一つの石をくり抜いて造られています
これはね ニッチと呼ばれる飾り棚で ここにも金銀の像が置かれていたんだって
こうしているとインカ人の声が聴こえてくるよ
なんて?
おまえは偉大な漫画家になるだろうって
うそつけ!

15世紀半ばティティカカ湖畔に小さな勢力が生まれそれから数十年後——南北4000キロに及ぶ広大な領土を支配したインカ大帝国も
わずか2000人足らずのスペイン軍にあっという間に滅ぼされてしまいました
そのインカ時代の石畳をそっくりそのまま残すロレート通りを歩いていると
はるか悠久の彼方にタイムスリップしたような思いにかられます
インカ帝国では金は太陽の涙　銀は月の涙と信じられていました
下水道が発達し農業が栄え飢える者はなく
老人や障害者にも平等に富の分配が行われ
住民たちはトウモロコシの穂一つ盗まなかったといいます
現在もその偉大なる祖先の血を引くインディヘナたちが街中を行商にいそしんでいます
動乱の世もどこ吹く風　彼らは今日も静かな時を刻みつつ古い石畳の上を行くのです

買物

市内観光を終えた夜
みやげ物を見に
クスコの街へ
くり出しました
買物に値切りは
つきものですが
とかく日本人は
世界的に見ても
値切りがヘタです
わが旅仲間の
セオ氏の場合——
彼はある店でお気に入りの
タペストリーを見つけました
価格は140ドル
もしました
これ
気に入った！
買おうかなっ
チョット
チョット
しっかり
値切りなよ
とイソ君が
アドバイス
氏は
つたない
スペイン語で
バ、バラート
まけて
ボー
ヒマを持てあましていた
店主は少しでも高く
売りつけようと必死になり
グッジョブ！
グッジョブ！
おもむろに
電卓をたた
きました
ピッ
ピッ
140
100ドルに
ヘラ
ヘラ
その店主の態度から
まだまだ充分値切れる
とふみましたが
もう
ひと押し！
なんと氏は——

よし
買った！
あっさりOK
してしまい
ました
ズリッ
イソ君は
思いっきり
ずっこけ
ました
店主はおどろき
喜びを満面に表し
グラーシャス！
ありがとう！
ウソッ
アミーゴ！
アミーゴ！
アミーゴ！
さかんに
アミーゴ（友達）
を連呼し
ギュウッ
値切りをあおった
私たちにまで
アミーゴ
アミーゴ♥
アミーゴ♥
アミーゴ♥
と握手を
求めてきました
その店主のはしゃぎよう
たらなかったです♪
ウ～ム
もっと
値切れた
のになぁ
気が変わらないうちに
とでも思ったのか
そそくさと店を閉め
ガラ
ガラ
フン
フン
イソ
イソ
仲間とどこかに
遊びに行って
しまいました
街中ですれ違ったときも
相変わらずアミーゴを
連呼していました
アミーゴ
アミーゴ
その後
他店にて
やっぱり
これ
高かった
かなぁ…
US$ 50
セオさん
今さら…

聖なる谷
さあ～いよいよマチュピチュの手前にあるウルバンバ川流れる**聖なる谷**へと出発です！
途中雄大なアンデスの麓で暮らすインディヘナたちの生活を垣間見ました
彼らは干レンガを積み上げただけの質素な家に住んでいます
屋根の上に置かれた十字架や牛は**カトリック**と**農業**を意味します
こういう家が点在している中でときおり赤い旗を掲げた家があります
それは**酒屋**を意味しています
インディヘナ自家製のお酒は**チチャ**と呼ばれトウモロコシが原料です
先祖代々なん百年も受けつがれてきました
そのうちの一軒に立ち寄ると
こんちわー
殺風景な部屋の中で家族団らんでそのチチャを飲んでいました
一家の長老らしき人が地球の裏側からやって来た客人には目もくれず黙々とチチャを飲んでいました
女はだまってチチャ！

イソ君も試飲してみました
ウヘ〜
すっぱくてまずいッ!
エハンとアドリエールはオイシイオイシイとがぶ飲みしていましたが…
ゴク
ゴク
一杯ひっかけた後はここの中庭でコイン投げというしごく単純なゲームを皆で楽しみました
ピシッ
その間イソ君が用足しのついでにある部屋をのぞいてみると
ななんだこれは!?
ギャッ
そこには無数のモルモットが!?
ウジャ
ウジャ
ウジャ
ウジャ
これはクイです
彼らの貴重なタンパク源なのです
ヒェーッ
これを食べるのッ!?
飽食の日本から見ればホントにつましい限りのインディヘナの食事です
主食のジャガイモ
淡白なスープ
でも健康的な感じですが…
後日あるホテルでクイの丸焼きが出てきたときには悲鳴を上げてしまいました!
ギェーッ
肉ギライ
肉ズキ
じゅるっ

ピサック遺跡

ハードなインカトレールの足ならしに
ピサック遺跡へ行きました
ここにもインカ時代の神殿、見張台などがありまさにミニマチュピチュといった感じです
ヒッ
そこは崖やかなり急な斜面があり
コロッ
おまけに空気が薄いため呼吸がかなり苦しく足も思うように動きませんでした
ゼー ゼー
ハァ ハァ
いつも合気道四段を鼻にかける私が
まってぇ〜
ヨタ ヨタ ヨタ
足取り重くどん尻を歩いていました
この調子だとインカトレールでは…
おーい大丈夫かぁ
ハァ ハァ
大丈夫やないぃ〜
まちがいなく皆の足手まといになるでしょう
途中雨にもたたられ
前途多難だ！と思ったら案外すぐやみました
下山して**ピサック**市場までくると
げんきんなやつだんな
わーい平たんな道だっ
スタ スタ
とたんに元気になりました

ここは遺跡と市場を見学できる二度オイシイ場所なのです
民族衣装をまとった幼い少女たちが
シ、セニョール テイクアピクチャ～？
写真いかが？
と盛んに呼びかけていました
新鮮な野菜から
コカの葉までも売られていました
さらにさらに
買っておくれ…
きれい！
食いもんじゃねえの…
天然の染料までも売られていました
装飾品もたくさん売られていてミキさんは十字架の首飾りを買っていました
クリスタルよ
お母さんにあうよ♥
そういう物にまるで興味のない私はおみやげにタペストリーを買いました
ゲット！
かあちゃんに…

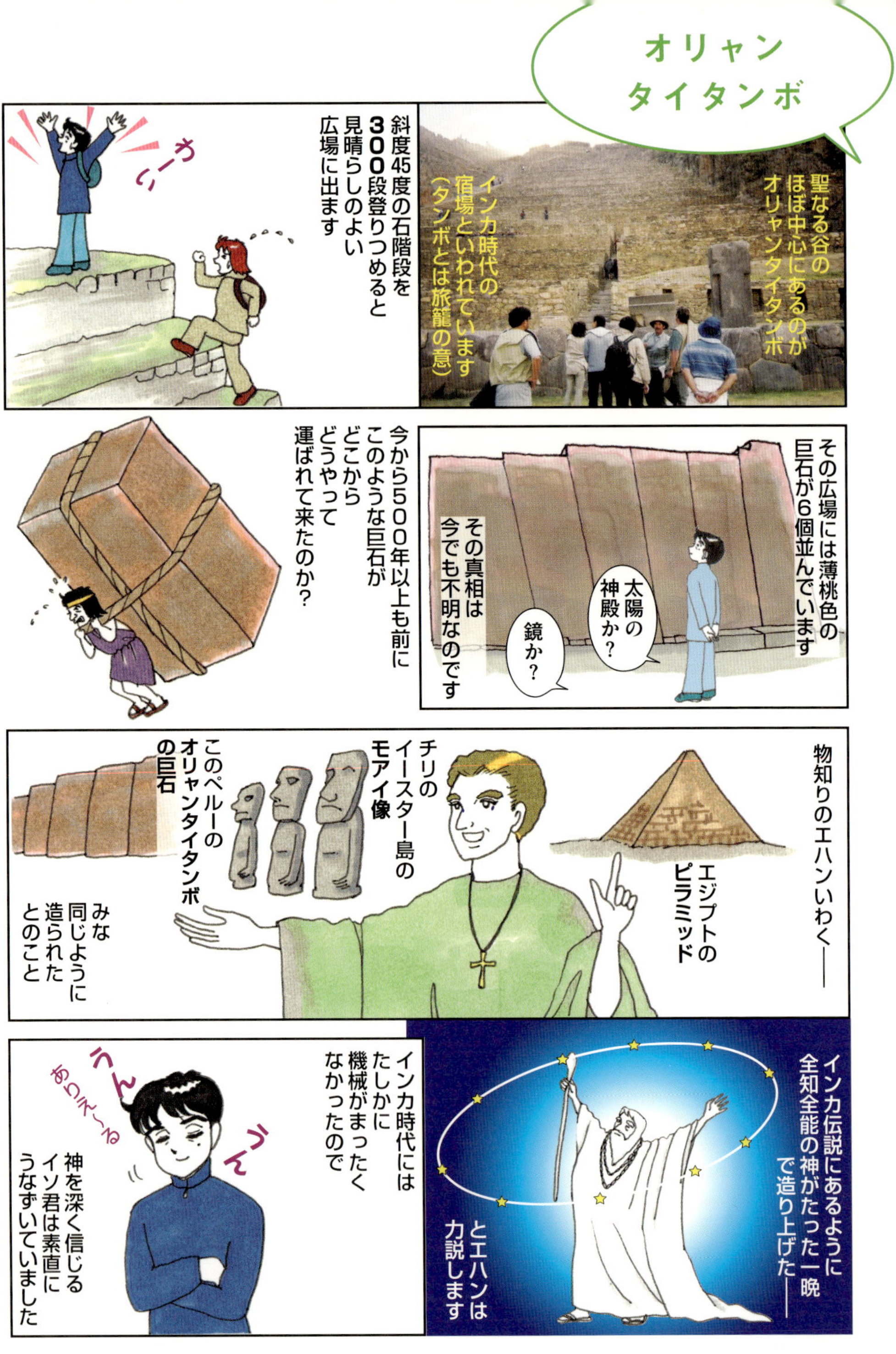
オリャンタイタンボ
聖なる谷のほぼ中心にあるのがオリャンタイタンボ
インカ時代の宿場といわれています（タンボとは旅籠の意）
斜度45度の石階段を300段登りつめると見晴らしのよい広場に出ます
わーい
その広場には薄桃色の巨石が6個並んでいます
太陽の神殿か？
鏡か？
その真相は今でも不明なのです
今から500年以上も前にこのような巨石がどこからどうやって運ばれて来たのか？
物知りのエハンいわく——
エジプトのピラミッド
チリのイースター島のモアイ像
このペルーのオリャンタイタンボの巨石
みな同じように造られたとのこと
インカ伝説にあるように全知全能の神がたった一晩で造り上げた——
とエハンは力説します
インカ時代にはたしかに機械がまったくなかったので
うんうん
ありえ〜る
神を深く信じるイソ君は素直にうなずいていました

この村では今も
インカ時代の生活様式を
そのまま残しています
灌漑用水や
下水道は
当時のまま
今も使われ
ています
伝統を踏襲して
いる村人たちは
それはつましく
自然と協調して
暮らしています
一方でここには
インカトレールを
始める人たちの
休憩場として
欧米人が経営する
モダンなホテルもあります
広々とした庭には
色とりどりの
花が咲き乱れ
その瀟洒なホテルに
私たちも泊まりました
私たちは
暖炉のある部屋で
豪華な料理を食べ
明日から始まる
インカトレールに
話がはずみました
一歩外に出れば
村の子供たちが
明日の生活のかてに
サンポーニャ
です
みやげ物を
必死で売って
いるというのに…
ものすごい
温度差を
感じますが
彼らの瞳は
明るく輝き
力強く
けなげな
生きざまを
見せられます
いよいよ明日から
インカトレールが
はじまります
明日に備えて
早めに休みました
もう
ねてる
ZZZ…
お休みぃ〜

インカトレール
快適なホテルを後にして
インカトレール登山口
までバスで行きました
ガタ
ガタ
ガタ
ガタ
山道のゆれは笑っちゃう
くらいひどかったです
案の定
仲間二人の荷物が
途中ふり落とされて
しまいました
ないないっ
これから3泊4日の
テント生活が始まる
というのに身一つに
なってしまった親子――
しかし
これ
使って
ください
アドリエールから
寝袋を調達して
もらったり
スミマセン…
仲間から
衣服を借りて
なんとか
しのぎました
少し
大きいけど
着る？
荷物は一人20キロ以内
と制限されています
20キロ以内！
なぜなら
大半の荷物は
現地のポーターたちが
運んでくれるからです
彼らは我々の荷物のほか
テント・食料などをかついで
険しい山道をひたすら
登って行くのです
かけるように
登ってゆく
しかも
サンダル
私たちはただ貴重品と
自分の飲み水など
必要最低限の荷物だけを
背負って行けばいいのです
おきら〜く
つまり彼らなくしては
このインカトレールは
とても踏破できません
彼らにとっても
高収入の仕事ですが
過酷な労働なのです

登山入口では
インディヘナたちが
盛んに杖を売っていました
杖はいらねえか
ここで
セオ氏いわく――
みんな
自分の足で
歩こう!!
と
威勢は
よかったが
ところが
みなが「買う」
と言い出すと
そうだ!
さすが
社長!
えらい!
ボクも
一番の
体力男
二つ
下さい
おれも
やっぱ
買おう
この男
案外根性
ないかも
いいですか
皆さん!
どんなに辛くとも
グチや否定的な
言葉は厳禁です
マイナスの
波動は絶対
いけません!
そして
快晴の青空の下
インカトレールが
始まりました
みんな
一団から
遅れまい
と必死に
歩き
ました
まるで
軍隊の
行進のように
もくもくと
(しゃべると
体力を
消耗する)
予想通り
イソ夫婦最年長組が
どん尻をキープしました!

今から思えば
初日は極楽でした
天気にも恵まれ
アップダウンも
少なかったからです
けれどそのときは
空気の薄さと
みんなのハイペースに
ついて行くのに
精一杯でした
ハァ
ハァ
ドキ
ドキ
湿度が低いせいで
どんなに汗をかいても
べとつかないし
スッキリ
不快感もまるで
ありません
10時に出発して
午後4時には
初日のキャンプ場
に着きました
今日は16キロ
歩きました！
みなさん
非常にいい
ペースです
と
アドリエールに
ほめられました
その緑豊かな
キャンプ場には
野犬がいて
わ〜い
犬好きのマー君が
近寄って行くと
エハンにきつく
止められました
ノー!!
こちらの犬はすべて
狂犬病の恐れが
あるからです
先回りした
ポーターたちが
テントを張り
熱いお湯を
わかして
待っていて
くれました
イソ君ち
夕飯は
特大テントで
全員そろって
食事をしながら
インカ
トレール
について
談笑しました

ポーターたちが
作ってくれた料理は
熱々のスープから始まり
芳ばしいパンも
ここは山奥だよな…
温野菜も
わお!
とろけるようなチキンも
きゃあ♥
みんな
みんな美味しかった!!
あたりが暗くなると
ナニもすることがないので
みな早めに床に
つきました
テント初日は
興奮していたのか
なかなか寝つけませんでした
パッチリ
もんもん
もんもん
二人とも
どうにも眠れないので
外に出てみました
空高く
幻想的なおぼろ月が
はりついていました
明日は
雨かもしれない
ここは
日本から見れば
はるか地球の裏側
思えば遠くに
来たもんだ——

ワルミワニュスカ
インカトレール2日目 今日は最大の難所 ワルミワニュスカが待っています
せっせ
せっせ
皆ひたすら無言で歩きました
朝から体調をくずしたマミさんが一団からずっと遅れ
ゆっくり歩きましょう！
さらに集団はバラバラになりました
ここで昔よく登山をしていたイソ君がうんちくをたれました
いいか呼吸は腹式で
大きく深呼吸しながらゆっくり大地を踏みしめて歩くんだぞ
んー
って言ってもしんどいな…
けれどこのとき奇跡が起こりました私は体調がすこぶる良く
鼻歌まじりにスタスタとイソ君を追い抜いたのです
日ごろ腰がイタイイタイと言って足で床をふいていたのは――
イテテ…
ぞうきん
ただなまけていただけだったのか！
それではここでユリ式登山法をお教えしましょう！
どうぞ！
ハイッ まず夫とエハンのアドバイスを取り入れました
ユリさん ここの山の神パチャママに感謝の念を捧げて登るとかなり楽になるよ！
パチャママ
ほう山の神パチャママね！
パチン！

杖を持たない私は木の幹や石につかまることによって
ガシッ
ペタッ
自然のエネルギーをもらいました
そう 山の神パチャママと自然の精霊たちに力を貸してもらったのです
力かすぞ〜
石の精
ガンバレ〜
樹木の精
傷だらけの手
ってとこかなぁ〜
日ごろやれ腰痛だつかれたあ〜とぼやいているので夫は信じがたかったようです
おい まじかよ ウソだろ〜
ピョン ピョン ピョン
その上見知らぬ外国人とおしゃべりする余裕まで見せたのです
ハーイ♪
Hi! Nice to see you
彼女は富士山に登ったことがあるそうでかなりの登山愛好家でした
Mt.Fuji is beautiful!
そう日本人なら一度は富士山に行こう！
リアリィ？
しかしわが妻の遊びとなると急に元気になるのはいったいなんなんだろうか？
カカカ…
帰ったら甘やかさずにこき使おう！と思うイソ君でした
う〜む
こうして最年長組のイソ夫婦は奇跡の2番手をキープ！
トップはなんといってもうら若いマーサでした
かなり差がある
ものすごく広いストライド
さあ〜ついに標高4200メートル恐怖のワルミワニュスカにやって来ました！
ポツリ
きっ
雨だぁ
体もなれてきたとはいえ富士山の頂上よりはるかに高いのです

ワルミワニュスカとは
「死せる老婆の道」
という意味です
髪をふり乱し
腰を曲げるくらい
辛い道なので
この名がついた
そうな
険しい道が
これでもかこれでもかと
えんえんと
続くのです
ハァ ハァ
ゼイ ゼイ
文字どおり
老婆なら
即死でしょうが…
冷たいこぬか雨に
靴の中までびしょぬれ
足はパンパン
ちべたい…
もう歩けないと
言ったところで
どうにもならない
もうダメだぁ～
限界だぁ～
というところで
ランチタイム
となりました
ここで
ランチ休憩
ですよ～
ガンバレ～
ハーイ♥
グ～
そのランチ用
特設テントに
ぬれねずみで
疲労困ぱいの
メンバーたちが
次々に到着しました
おつかれさま～
ラストは
エハンに抱えられた
マミさんでした
ヨタ
ヨタ
それを
みんなが
暖かい拍手
で迎えました
マミ
よく
やった！
この人も相当
疲れていた
パチ
パチ
本来なら
この位置は
わが愚妻
だったな
パチ
パチ
彼女が
いてくれて
よかったわ
パチ
一人
元気な
マーサ
パチ

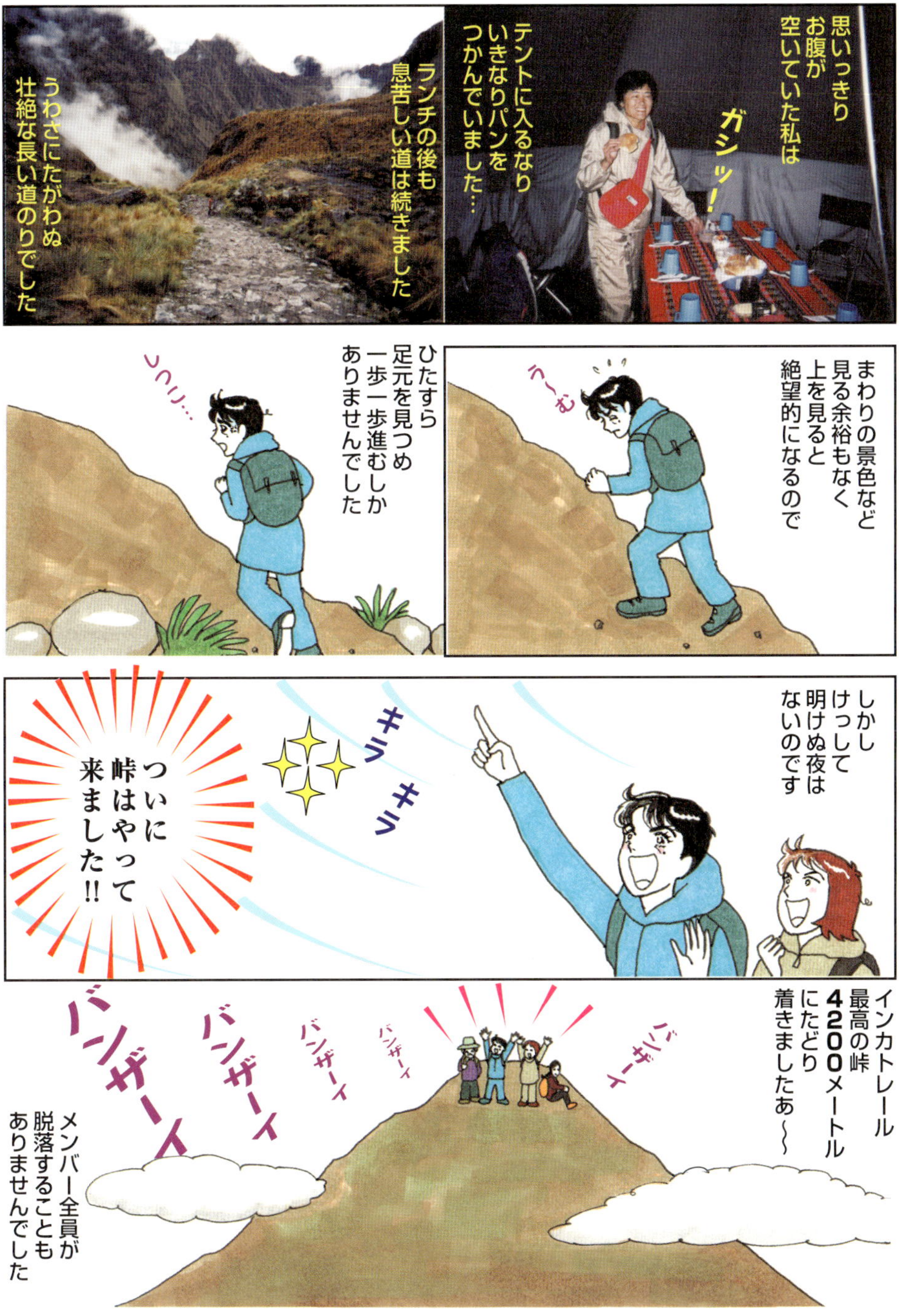
思いっきり
お腹が
空いていた私は
ガシッ!
テントに入るなり
いきなりパンを
つかんでいました…
ランチの後も
息苦しい道は続きました
うわさにたがわぬ
壮絶な長い道のりでした
まわりの景色など
見る余裕もなく
上を見ると
絶望的になるので
う〜む
ひたすら
足元を見つめ
一歩一歩進むしか
ありませんでした
しかし
けっして
明けぬ夜は
ないのです
キラ キラ
ついに
峠はやって
来ました!!
インカトレール
最高の峠
4200メートル
にたどり
着きましたあ〜〜
バンザーイ
バンザーイ
バンザーイ
バンザーイ
バンザーイ
メンバー全員が
脱落することも
ありませんでした

最高地点に
たどり着いて
しばらくすると
厚い雲がきれ
虹がかかりました
ああっ
オーッ
それは
今まで見たことも
ないような輝ける
美しい虹でした！
そのとき
虹に強い思い入れ
のあるエハンが
Oh God ! Please give us…
一心に
祈っている姿が
印象的でした
体が冷えてきたので
イソ君はさっさと
下山してしまいました
もう
下りるの？
もったい
ないよぉ～
靴の中が
ぬれて
キモチ
ワリィの！
残った私たちは
そこで儀式を行いました
イソユリ…
フーッ
コカの葉に
自分の名を唱えて
息を吹きかけ――
それを土の中に
うめました
無事峠を
越えられた
感謝の祈りを
パチャママに
捧げたのです

その後私たちは
おしゃべりをしながら
ゆっくりと
下山しました
ここでめずらしく
われらが大将エハンが
体調をくずし
しんがりで
下山しました
この日の
キャンプ場の
近くには
小川が
たっぷりと
流れていました
最後のひとりエハンが
到着するのを待って
いたかのように
ザーッ
激しい雨が
降り出しました
先に到着していた
セオ氏とヤマさんは
川で大はしゃぎです
チョーキモチイイ♥
わー三日ぶりだぁ〜♪
さっぱりするよぉイソさんもどお？
いやぼくはやめとくよ
ちめたいもん…
その夜
川で体を冷やしたせいか
体力が自慢のヤマさんが
ウ〜ん
ウ〜ん…
発熱と下痢に
おそわれました
翌日ヤマさんは
皆のはるか後方を
苦しそうに
歩いていました
ヨレヨレ
ヨレヨレ
大丈夫？荷物持とうか
しんがり組

ハチドリ

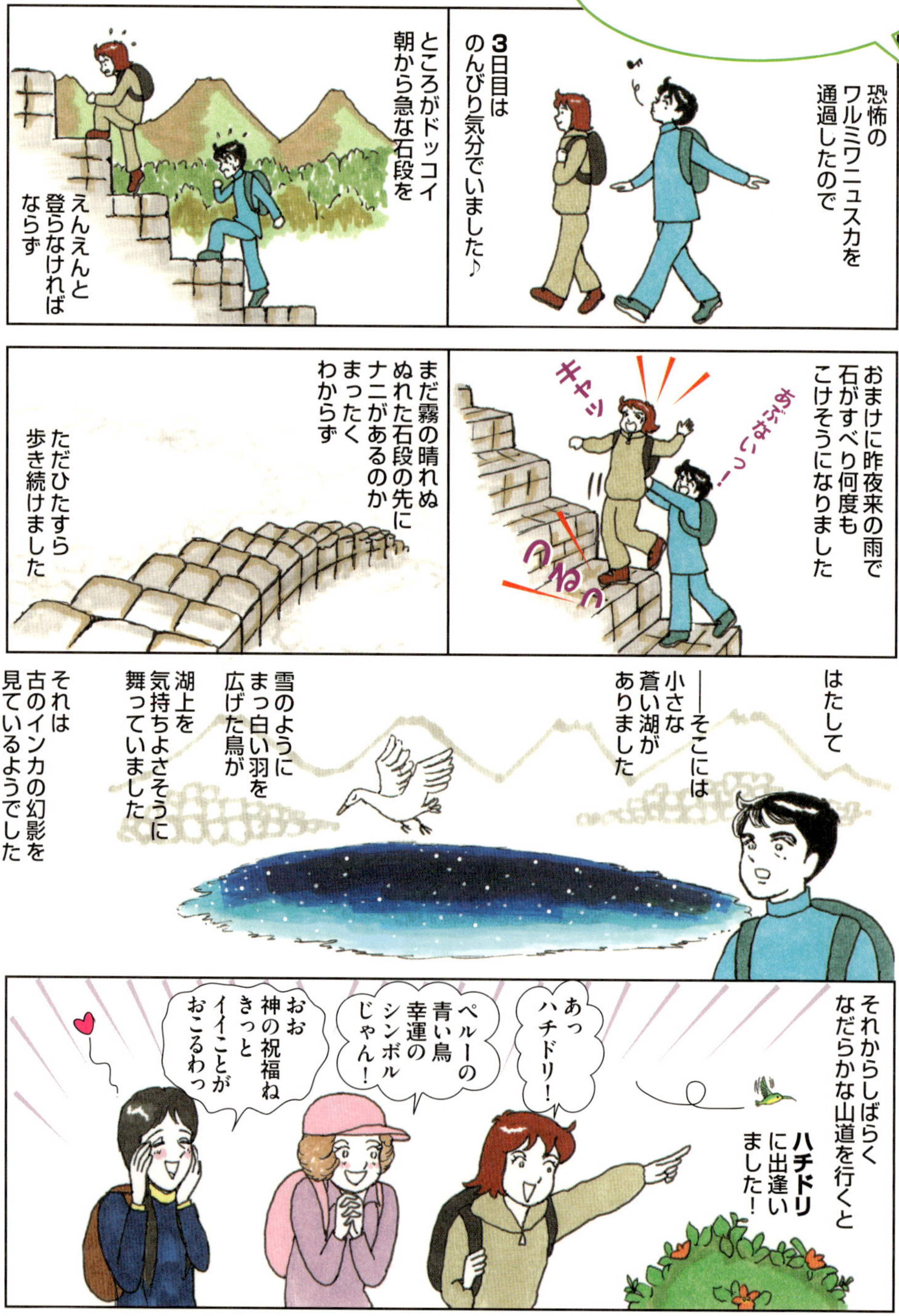

恐怖のワルミワニュスカを通過したので
3日目はのんびり気分でいました♪
ところがドッコイ朝から急な石段を
えんえんと登らなければならず
おまけに昨夜来の雨で石がすべり何度もこけそうになりました
あぶないっ！
キャッ
つるっ
まだ霧の晴れぬぬれた石段の先にナニがあるのかまったくわからず
ただひたすら歩き続けました
はたして
——そこには小さな蒼い湖がありました
雪のようにまっ白い羽を広げた鳥が
湖上を気持ちよさそうに舞っていました
それは古のインカの幻影を見ているようでした
それからしばらくなだらかな山道を行くと**ハチドリ**に出逢いました！
あっハチドリ！
ペルーの青い鳥幸運のシンボルじゃん！
おお神の祝福ねきっとイイことがおこるわっ

が　そのハチドリは
幸運ではなく**ウン**を二人に
もたらしてくれちゃいました
わしのせいやないわい
イソ君とセオ氏の
お腹がくだって
しまったのです
グルグル
きっと朝食の
オートミールの
ミルクのせいでしょう
このとき私たちは
サヤックマルカ遺跡で
エハンの説明を
聴いていました
ここはインカ時代の飛脚たちの…
けれど二人とも
まったくうわの空でした
トイレ　トイレ　トイレ
必死のイソ君は
用を足す場所を
近くのやぶの中に
見つけ
ホーッ
危なかったぁ〜
ことなきを
得ました
一方セオ氏は野グソはヤダ！
と次の休憩所を目ざして
険しい石段を鬼の形相で
猛ダッシュしました！
トイレ！　トイレ！
トイレ！　トイレ！
トイレ！　トイレ！…
ピューーン
氏は目にも
とまらぬ速さで
かけ抜けて行きました！
杖など使って
案外根性ないと
思っていましたが
やればできるじゃん！
パチ
パチ
ヒー
ポーター
さえも追い越し
間に合いました
ハァ
ヒー
ハァ

プユパタマルカ

本日のキャンプ地は
標高3600メートルの
プユパタマルカです
そこまで
各自マイペースで
の～んびり行きました
途中ふだん見れない
高山植物にも
お目にかかれました
オー
あっ キレイ！
山肌にコケも
はえていて
よく見るとそれは
バラの形をして
いました
わあっ!!
バラ型だぁ
しばらく歩くと
分れ道があり
まよっていると
はて どっち？
先に来ていた
元気満々の
マー君が
こっちだよー
と教えてくれ
無事プユパタマルカに
到着することができました
プユパタマルカとは
「雲の神殿」という
意味です
そこは眼下に
山々の谷間を
うめつくす広大な
雲海が広がり
まるで天に昇った
ような気分でした

その夜
アドリエールが個別に伝統のコカの葉占いをやってくれました
パチャママさま いつも ありがとう ございます…
まず山の神のパチャママに感謝の祈りを捧げる
次にマントラのような呪文を唱え 数枚のコカの葉をテーブルにばらまき
その葉の散り具合で未来を占うのです
はたしてイソ君の未来は――
帰国後 あなたは…
人をいやすヒーラーになります
やったぁー
私の未来は――
あなたはまたここにもどって来ますね
ハッ
またあの道のりを歩くの!?
精神的に病んでいる人々を連れて必ずもどって来ます
それと二つの家が見えます
その間を行き来している姿が見えますね
二つの家!?
???
二つの家と言われても当時借家住まいの私にはピンときませんでした
はたして彼のコカの葉占いは真実となりえるのか――
帰国後 私は独居の母をイソ君ちの近くに呼び寄せ 二つの家をしょっちゅう行き来しています
ユリママんち
おかず
イソ君ち
あれから数年 いまだにヒーラーのかけらさえない凡夫のイソ君
う〜む
努力が足りんのじゃ努力がっ
あの占いはインチキか否か…
じゃかあしいっ!

サルカンタイ

翌朝早くにエハンに誘われました
それはビルカバンバ山群の主峰サルカンタイの雄姿を鑑賞することでした
今日は天気がいいからサルカンタイがよく見えるんだ
ラッキーだ!
サルカンタイ? サルタという友人はいるが…
陽が昇る前の澄んだ空気の中私たちはじっと待ちました
雄大な迫力でもってわれわれの前に現れたサルカンタイは鮮明で凛としていました
3人でうっとりと見とれていると
今度は東の空に陽が昇りました
太陽のまわりには白い光の輪がありました
――ああ我々はやはり神に祝福されているんだなぁ
このへんはいつも厚い雲におおわれているんだ
けれどこんな美しい大自然に酔いしれている間にお別れのパーティーが準備されていました

今までみんなの世話をやいてくれたポーターたちと
別れのときがやって来ました
彼らなしではホントにここまで来れませんでした！
イソ君はジャケット
ユリはノートとペン
そこでメンバーたちが感謝の意をこめて各自持ち寄った品々を贈ることにしました
それをマーサができるだけ均等に分けました
せっせ
せっせ
せっせ
けっこう当たり外れはありましたが…
そこでくじを作って引いてもらうことにしました
一番よ！
ところが謙虚な彼らは
ここから取ればいいのかな
おず
おず
はじから順番に取っていくものと思ったようです
自分の一番欲しいものを取っていいのよ
ウフフ
さぁー
そうっすかぁ～…
あっオレのを一番に取ったぞ
彼らは謙虚だから悪いのから取ったんじゃないのォ
言いたいこと言いやがって
本当にお世話になりました♥
心からグラシャスそしてアディオス!!

若返りの泉

ポーターたちとも別れ
この日初めて
一人の故障者もなく
メンバーたちは
快晴の
インカ道を
歩き続けました
ゴールは
間近なので
みな自然と
足取りも軽く
なりました
それでもなお続く
アップダウンには
イソ君も
いささかうんざり
でしたが…
ウッヘー
また上りかよ！
そしてお昼には
ウイニャワイナ遺跡
にたどり着きました
ここはね
若返りの泉と
言われていてね
本当に効果が
あるんだよ
10歳は
若返るかも♥
とエハンが
ニコニコ顔で
言うと
男性陣は
さっ
さっ
さっ
さっ
さっそく服をぬぎ始め
少年のように
はしゃいで
泉に突進
しました
わーっ
うっほぉー♥
ガーン
ところがそのときは
ヒデリ？
チョロ
チョロ
乾期だったので
沐浴できるほどの水は
出てきませんでした

一方女性陣は男性陣の沐浴が終わると
品よく手足を洗い
のっぺらぼうになるくらい念入りに顔を洗っていました
バシャ
ゴシ
ゴシ
グッ
はたしてこの若返りの泉の効果は――
さっぱり
すっきり
キレイ！
後日帰国した私は
あわっ
しわがふえた！
あの泉効果ないじゃん！
この幻想的な遺跡の休憩所でインカトレール最後の食事をしました
そのとき出されたアボガドサンドイッチはほんとうに絶品でした！
うまいっ！
グー
PERU
アボガドをねりつぶしみじん切りの玉ねぎとマヨネーズであえただけのものですが
その後わが家の朝食メニューの定番になりました♥
そしてランチ後
再びマチュピチュ目ざして歩きはじめました
ゲップ
PERU

太陽の門

さらにうんざりするほどのアップダウンをくり返し
げっぷ
うっへぇ～また上りかよっ
もうヤダーッと思っていたころ
エハンとアドリエールがなにやら
ソワソワしはじめ
石組みの遺跡のところで全員を整列させ
さあ一列に並んで！
ひとりひとりちょっとした儀式を行います
エハンがちょっともったいつけるように言いました
イソ君の番になりました――
Close your eyes
瞳をとじてー
へ？
言われた通りにしてアドリエールに手を引かれ少し歩きました
Open your eyes
瞳をあけてー
言われるままイソ君は目をゆっくりあけました
すると
おおっ!!

そこには

夢にまで見た**マチュピチュ**が
悠然と広がっていたのです――

そう
ここはインカトレールで
マチュピチュに行く入り口
「太陽の門」なのでした！

マチュピチュ
すぐそこに広がるマチュピチュを目にした男性陣は
ここで暮らしていたインカの人々に思いをはせしばし感慨にふけっていました
女性陣は思わず感きわまり肩を抱き合って嗚咽していました
さめざめ
おいおい
ううっ
よしよし
思えばほんとうに険しい道のりでした絶えず深呼吸していないと息苦しくなるような…
脱落者が一人も出なかったのは大幸運でした
そんな感動の嵐の中――
ケロリ
私だけ一人冷静でした
やっぱおまえは女じゃないな!
失礼なっ
他人と涙腺の場所がちがうだけよ!
ポーターたちとの別れのときは一人で大泣きしてたのに…
え〜ん
メンタルは男だ! まちがいない

ではここで
わたくしめがみなさんをかの伝説の都市マチュピチュにご案内しましょう

ユネスコの世界複合遺産にも登録されている**マチュピチュ**とは
ケチュア語で老いた峰という意味です
おぼえてネ

マチュピチュの背後にそびえる山は**ワイナピチュ**といって
若い峰という意味です

マチュピチュの標高は**2400**メートルクスコよりも低いのです総面積は**5**平方キロ、その**3分の2**が段々畑（アンデネス）になっています
周囲が断崖絶壁のマチュピチュはうっそうとした密林に覆われていたので空からしか見えませんでした「空中都市」とも「失われた都市」ともいわれるゆえんです

古代インカ人たちが
どうして
この都市を作ったのかは
いまだにナゾのベールに
包まれたままなのです
ナゼ?
ナンノタメニ?
マチュピチュは
強奪と破壊をくり返す
侵入者のスペイン軍にも
見つかりませんでした
ではいったいダレが
この地を発見したのか?
それはアメリカの
ハイラム・ビンガム
という考古学者です
彼は1911年
地元の農夫の案内に
よってこの世紀の
大発見をしたのです
ある文献が残されていました
——非常に高い
山の頂にあり
精巧な技術で
建造された
壮大な建物が
そびえたつ——
彼はここからヒントを得て
調査に乗り出したのです
当時のマチュピチュは
道らしいものはなく
一寸先も見えぬ草木に
おおわれて廃墟と
化していました
あぁっ!
あの
幻※の
ビルカバンバだっ!
ですから発見した
ときの彼の喜びは
ひとしおだったでしょう
※インカ帝国最後の都市
インカ帝国滅亡から
すでに400年のときが
流れていました
ビンガムの手によって
マチュピチュは
長い長い眠りから目ざめ
全世界にその存在を
発信したわけです

しかし
このみごとな都市は
インカ人最後の地では
ありませんでした
なぜならここには
インカ人の必需品で
ある黄金が発見され
なかったからです
その後の調査では
別の場所が有力視
されています

このマチュピチュ遺跡はずっと
謎のベールに包まれていましたが
インカ人たちの暮らしの痕跡が
いくつか残されています
ここでは
約千人もの人々が
飢えることなく
豊かに暮らして
いたようです

広大な段々畑には
穀物、果物、豆、ジャガイモ
トウモロコシ、コカ、キノア
など**20**種類以上の作物が
植えられていました

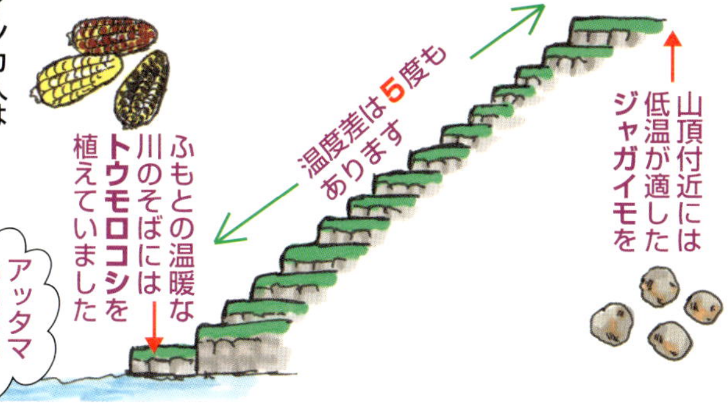
山頂付近には
低温が適した
ジャガイモを
温度差は**5**度も
あります
ふもとの温暖な
川のそばには
トウモロコシを
植えていました

インカ人は
海抜０メートルから
２４００メートル
の高低さをうまく
利用して
異なる作物を
栽培していました

アッタマ
いいなあ～

ここでは今も昔も
こんなものが
飼われています
リャマという
ラクダ科の動物です
体長は1メートルくらいで
目がパッチリとして
かわいらしく
性格はおとなしいです
そのリャマをインカ人は
荷物の運搬用に使ったり
毛皮は衣類に使用しました
その肉も食しましたが
主には儀式の生贄として
捧げられていたようです
アンデスには
ラクダ科の動物が
4種類います
アルパカ……織物に使用
リャマ……運搬用
ビクーニャ……繊細な性格で
放牧飼育されている
グアナゴ……乱獲がたたって
最近は見られなくなっている
そのむかし
アンデスの山岳地帯には
言葉の違う民族が
たくさん住んでいて
争いが絶えませんでした
それを
インカ人はわずか50年で
統一してしまい
南北4000キロにも及ぶ
領土を拡大できたのは
ナゼでしょうか?
――それは従来の
「奪って栄える」ではなく
「与えて栄える」方式に
変えたからなのです
これを提唱した
第9代皇帝パチャクティは
とくに農作業に力を入れて
インカ大帝国を築き上げた
のです

マチュピチュは
数ある世界遺産の中でも
もっとも美しいと言われ
また一番人気のある
スポットです
なので
イソ君が
そのマチュピチュの
内部をかけ足で
紹介しましょう！

★階段道

遺跡内にはなんと100を超す階段があります！土地の斜面を利用した少し広めの階段道にはよく磨かれた石が使われていて建物どうしを結ぶ役目をしっかりと果たしています

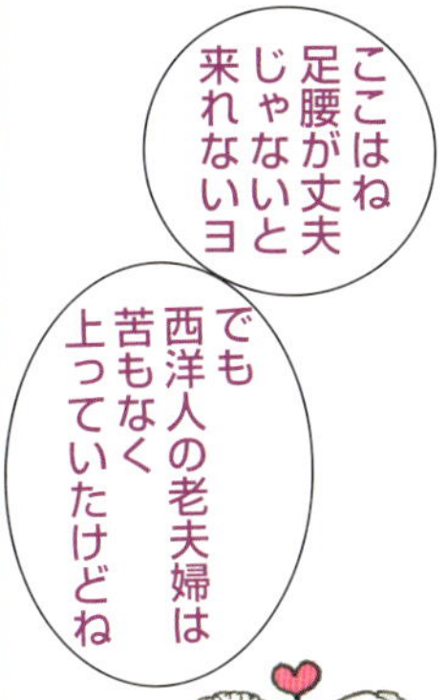
ここはね
足腰が丈夫
じゃないと
来れないヨ
でも
西洋人の老夫婦は
苦もなく
上っていたけどね

スイ
スイ

★農地監視者の家

段々畑の最上段には必ず小さなわらぶき屋根の小屋があります

壁は3面しかなくいくつもの窓があることから農地監視者の家といわれています

★16の水汲み場

いつもながらインカ人の水路設備には舌を巻きます
はるか遠くの山の彼方から石の溝を伝って流れてきた
水を上手に汲んで使用するのです
この灌漑用水路の整備拡大がインカ大帝国の源と
いっても過言ではありません

ここの水はまろやかでおいしいヨ♥
ゴク
ゴク
ゴク

ある書道家いわく
ここの水で磨った
墨を使うと
筆が滑らかで
きれいな字が
書ける——

★謎のすり鉢

繊細な石細工で施された
中央のすり鉢は
直径60センチほどです

水を張って
夜の天体観測に使われた
という説が有力です

ビンガムを
ここに
案内した少年が
すり鉢として
使って見せたんで
この名が
ついたそうな
ゴリ
ゴリ
ゴリ

★太陽の神殿

マチュピチュ随一の
美しい円形を描いた
石組みは見ごとです！

1950年の
クスコ大地震のときにも
ビクともしなかった
コリカンチャの土台と
同じ造りになっています

ここの
東に向いている
2つの窓には
金や銀が置かれていて
朝の光を受けると
神殿を美しく
照らし出していたそうです

★本神殿

ここは3つの壁に
囲まれていて
幅は**8**メートル
中央の大岩の長さは
4・5メートルです
インカ人は
ここにミイラを
安置していました

★3つの窓の神殿

ここはマチュピチュにある
石の建物の中でも
一番念入りに造られています

よって
社会、政治、宗教などの
重要な役割を果たした
場所と考えられています

日本の
国会議事堂
みたいな
もんだね

ね
ちゃあんと
3つの窓が
あるでしょ

★インティワタナ（日時計）

インティは太陽、ワタナは結ぶという意味です
マチュピチュの最も高い位置にあり
岩の高さが**1・8**メートルほどです
大石を削ったもので　上に突き出た角柱は
東西南北を向いていて**36**センチほどです
インカ人は太陽暦をとてもうまく利用していたのです

今から500年も
前のことだよ
あったまイイ〜

★コンドルの神殿

ここの地下の部分は牢獄だったといわれています

インカでは
アマスア（盗まない）
アマケア（怠けない）
アマユア（だまさない）
の掟がありました

この3つの掟を破った者にはおも〜い刑が下されました
その中でもとくにアマケアには厳しかったようです

ならば うちのユリは まちがいなく 大厳罰だな…
うんうん
Zz… Zz…
マンガ

★王宮

ここの城壁は他よりも厚く頑丈にできていてよく磨かれた石を使っています
入念に手入れされていたことから高貴な人々の住まいだったことが一目でわかります

インカ皇帝は 奥さんの他に たくさんの 側室がいたん だってぇ
うらやましぃ〜

★聖なる岩
(パチャママの神殿)
信心深いインカ人は
パチャママを大地の神
としてあがめていました
高さは3メートル
幅は7メートル
台座は30センチほどです
この岩は周囲に広がる
山脈を型どったもの
といわれています
わが妻に注目!
みんなが聖なる岩に神妙に手を合わせているのに一人だけこっちを向いてるよ
へ〜んなオバサン!
——以上簡単ながらイソ君がマチュピチュを紹介しました!
時間とお金をたっぷりかけて行くだけの価値は絶対ありますよ!
運がよければ鳥類の王者コンドルにもお目にかかれるかも!
キーン

温泉

マチュピチュ見学を終えた私たち一行はふもとの村に入りました
そこはアグアス・カリエンテス村といってスペイン語で温泉という意味です
この日はそこに宿を取りました
たくさんの花々が咲き乱れる庭付きコテージ形式のしゃれたお宿でした
私は4日ぶりのフカフカベッドと熱いシャワーに大はしゃぎです♪
宿でひと息ついた後は
お待ちかねのお〜ん〜せ〜んですぅ
宿を出て川沿いにかなり急な坂道を20分ほど歩きました
ヒー
また坂かよチキショッ!
みんな疲れがもうピークに達していました
やっとたどり着いたその温泉はかの有名なシャーリー・マクレーン著の『アウト・オン・ア・リム』に出てくる温泉でした!
長年不倫関係に悩んでいたシャーリーが親友に連れられて心身をいやしたという神秘的な場所です
ここで彼女は温泉につかりろうそくの炎を見つめながら生まれて初めて幽体離脱なるものを体験したのです

でも彼女がここへ来たのは
もうなん十年も前のこと――
今はすっかり観光化され
当時とはかなり様変わり
してしまいました
ワイ
ワイ
ガヤ
ガヤ
なんか温泉というよりも温水プールといった感じです
ここでまたエハンが水中ワークを教えてくれました
まず力を抜いてあお向けに…
なんでもすぐ調子にのる私がその水中ワークを夢中でやっていたら
パシャ
パシャ
そばにいた西洋人の女性にすごくおっかない目でにらまれてしまいました
キッ
それほど騒いでいたわけでもないのに…
おっかないおばさんはどこにでもいるものです
こわっ
ともかくわれわれはここでインカトレールの疲れを充分いやすことができました♥
リフレッシュして明日も再びマチュピチュ見学です
スッキリ
サッパリ
明日晴れるといいね…
あのキリ状の険しい山**ワイナピチュ**にも登る予定です

ワイナピチュ

翌日は
あいにく朝から
しのつく雨でした
しと
しと
しと
マチュピチュに
再びやって来ると
雨はあがっていましたが
深いモヤが立ちこめて
いました
もく
もく
本日はメンバー全員で
ワイナピチュに登るので
晴れたらどんなに
よかったでしょう!
足を痛めてるセオ氏も登ります
エライッ!
年サバよむか…
ええっ!?
その登山口で名前と年齢を書かされました
ニコニコ
ここさもどって来なかった人がいく人かいるべさ
そうなのです!
小さな山とあなどるなかれ
命を落とすほど
たいへん
危険な山なのです!
怖ろしい急斜面で
道幅は狭く
はいつくばるように
登って行くのです
ロープが設置して
あるところもあり
しがみつくように
登りました
ほとんどが岩場で
まるでロック
クライミングの
ようでした
ガシッ
そんな危ない
思いをしながら
最後にせま〜い洞窟を
くぐり抜けると——
んしょ

やっと山頂にたどり着きました!!
こ こわいっ
WAYNAPICCHU ALTURA
山頂といっても一枚岩なのでまともに立っていられないのです
ぜんぜんへーき
いやはや立っている蛮勇人もいましたが…
そこで全員で瞑想をしました
霧が晴れますように――
これさえ取れればすばらしいマチュピチュの全景が見わたせるのです
結局ほんの少しだけ霧は動いたけれど晴れることはありませんでした
だれか邪悪な心を持つ者が…
こいつだ! こいつにちがいない!
じっ
ボ〜ッ
下りもやはりビビリました
命がけで下山するとマチュピチュ見学はわずかな時間しかありませんでした
帰りのバスと電車の時間がせまりいよいよマチュピチュともお別れです
まだ月の神殿見てないよぉ
はや〜くっ!
ワイナピチュなんて登らなければよかった――なんて後の祭りでした

グッバイボーイ

まだまだ
奥の深い
マチュピチュに
とどまっていたかった
私たちでしたが
やむをえず
下山する
シャトルバス
に乗りこみました
このバスは
日光のいろは坂のような
九十九《つづら》折の坂道を
いく度も折れて
下って行くのです
みなさん
グッバイ・ボーイ
を知っていますか!
じゃ〜ん
インカ時代の
飛脚の衣装です
年は
7〜8歳
くらい
バスが発車すると
全速力で走り出し
バスに向かって
声をはりあげ
グッバ〜ィ〜〜〜
思いっきり
自分の存在
をアピール
します

それをなん回かくり返し
グッバ〜イ〜
バスがふもとに着くと少年は先に到着していて私たちを出迎えるのです
ピース
摩訶不思議な光景でした
えっ!? うっそぉ〜 もう着いてるっ!
真相は——
山道を一直線にかけ抜けて近道をしたのです
少年はバスが停車するとすぐ乗りこんできました
お目あては観光客からのチップです
こんなとき西洋人はわりとドライです
しらんぷり
そこはなんと言っても人がイイ
われら日本人です!
ガサ
ゴソ
ガサ
ゴソ
イソ君が2ドルをわたすと
グラシアース!!
少年は満面に笑みを浮かべていました

けなげな少年たちは
このすべての稼ぎを
親にわたしているという
彼らの中には
一家の生計の
ほとんどを
になっている
子たちもいるのです
しかし
2003年
ペルー政府は
少年たちが仕事に
精を出しすぎて
学校をサボりがちに
なるため禁止令を
出しました
2005年には
復活しましたが
学校の夏休みなど
長期休暇中のみで
それ以外は禁止
されているので
今ではなかなか彼らに
会えなくなりました
物質的に恵まれていて
甘やかされ放題の
日本の子供たちとは
なんという違いでしょうか！
ピコ
ピコ
ともあれ
一度グッバイボーイに遭遇したい
と願っていたイソ君は
彼に会えたので大満足です
超ラッキー
けっこう
会えない人も
多いみたい…
今でも
私たちの耳に
あの少し甲高い
グッバイボーイの声が
マチュピチュの
思い出と共に
残っています
グッバ〜イ〜〜〜

夜景

私たちはクスコ行きの列車に乗りこみました
席はほぼ満席でしたが快適な列車の旅の始まりです〜♪
車窓からは雄大なアンデスの山々聖なるウルバンバ川自分たちの歩いた道までも見えました
インカトレールの出発地点にさしかかると
わっあそこあそこー！
出発したところね
オレがすべったとこ…
などとみんな大はしゃぎでした
その後イソ君はセオ氏のとなりの席に移って
男同士のおしゃべりを楽しんでいました
そんなこんなしているうちに陽は暮れてゆき
クスコに近づくころにはもうとっぷりと夜のとばりが下りていました
クスコの登山列車は
急斜面をスイッチバックをくり返して山を下り駅に到着するのです

クスコの夜景にうっとり見とれていると車内の灯りがすべて消されあの不朽の名曲♪コンドルは飛んで行くが流れてきました
なかなかイキな演出じゃん！
うん
ああ これ有名なエル・コンドラパスタね！
パスタが飛ぶのかぁ〜
※正しくはエル・コンドラパッサです
クスコの街は摩天楼の一つもなく夜は毒々しいネオンや看板は一切禁止されているのでほのかなオレンジ色の灯りで統一されています
街全体がセピア色のどこか懐かしい素朴な世界でした
丘の上にはキリスト像が白く浮かび上がって私たちを出迎えてくれました
どこにでもある近代的な街とは違い本当に味わいのある叙情的な光景でした——

再びクスコ
イソ君は
今でも
コンドルは飛んで行く
を聴くと
あの宝石箱の
ような夜景をはっきりと
思い出すことができるそうです
5日ぶりにクスコに
もどってきたメンバーたちは
インカトレールを踏破した
達成感にひたりながら
大いに盛り上がりました♪
ピスコ
（白ブドウの蒸留酒）
サル～!!
（かんぱ～い）
やっと苦行も終ったね♥
よかったわぁ！
ヒック
いやぁ～ つらかったけど インカトレールは 最高だね！
あ～ ぜんぶ入れた！
終れば イイ思い出 だよねぇ～
トク トク
Pisco
ヒ～
おそろしかったよ～
peru
インカトレールが
終ると
アマゾンの旅の
始まりです
マチュピチュとは一転した
とても奇妙な旅に
なります
がイソ夫婦はいつも
見通しが甘いのです
旅はまだ前半が
終っただけでした
予定表
10/7 インカトレール終了
10/9 クスコ泊
10/10 アマゾンへ

苦行を終えた私たちはクスコのホテルですがすがしい朝を迎えました
EL DORAD
チュンチュン
やぁー終った終った!
あとはラクチンだあ~
ルンルン気分の私たちはアマゾンへの出発前にクスコの市場をのぞいてみました
そこには食料品から雑貨までが所せましと並んでいました
ナニこれ!?
パンかい?
その市場で食い意地のはっている私たちは
FIDEO
ねえねえ食べようよ
ホテルの食事があるじゃん…
わけのわからないラーメンもどきを食べました
辛いソース
が衛生上の問題もありイソ君は食べたことをすぐ後悔しました
おなかこわしたらどうしよう…
グルピー
イソ君の心配をよそに私は食べ終るなりあちこちの店を嬉々として見て回りました

ところでクスコのゴミ事情ですが
道路のまん中に生ゴミが無造作に捨ててありました
けれど近くに寄っても少しも臭くないのです
くんくん
くんくん
?
ナゼなんだろう?
答えは──
湿度が非常に低く腐敗しにくいのでした!
ホテルにもどる途中に小さな教会があり
中をのぞいてみると
薄暗い教会内でインディヘナが熱心に祈りを捧げていました
クリスチャンではありませんが信仰心厚い私たちも祈りを捧げることにしました
これまでの無事を感謝いたします♥
今後も安全でありますように…
となりの愚妻はナニを祈っているのかいつになく神妙な雰囲気だな
アマゾンでもうまいもんが食えますように
さあ〜いざアマゾンへ
ヒャッホー
食うぞー
インカトレールの疲れもすっかり取れ私たちは意気揚々でした

アマゾン編

マヌー国立公園
ここで「緑の大地」と呼ばれる壮大なアマゾンの大自然についてちょっと説明しましょう
AMAZON

アマゾンの気候は1年間の総雨量が3000ミリで平均気温が25度と高温多湿です
アマゾンの密林が生み出す酸素量はなんと全地球の3分の1にもなり「地球の肺」と呼ばれています

またアマゾン河が大西洋に吐き出す水量は地球上の海に入る水量の5分の1を占めています

アマゾン河には土手も橋もなく長さ6516キロ（世界第2位）流域面積は705万平方キロで水量・流域は世界一なのです！

アマゾンではポロロッカという現象があります
ポロロッカとは「大きな騒音」という意味で河の流れが上流に向かって逆流する現象をいいます
ホントにサーフィンやる人がいるんだよ
ホットト…
それは新月と満月の大潮の時期に発生し数キロ先まで轟音が響き渡るのです
時速65キロもの速さで800キロ以上もさかのぼり波の高さは5メートルにもなり付近の木々を次々になぎ倒していくこともあります
ペルーでアマゾンというとおどろく人がいますがアンデス山脈の東側は熱帯雨林が生いしげるアマゾン地帯なのです
ペルー
アンデス山脈
リマ
クスコ
アマゾンはブラジルだけじゃないよ
AMAZON
しかもペルー国土の半分がそのアマゾン地帯なのです
でわれわれはこんなとてつもなく広大なアマゾンの一部分であるマヌー国立公園というところに行くのです
マヌー川
ボカ・マヌー
マヌー国立公園
アルト・マドレ・デ・ディオス川
アハナコ
ユネスコ世界遺産にも登録されているよ
AMAZON

マヌー国立公園の面積はおよそ1万8811平方キロです
それは四国ほどの広さで
ここは世界一生物の多様性がある自然保護区なのです
AMAZON
哺乳類は200種以上
ワニ
ジャガー
鳥類は850種以上もいます
アンデス岩鳥
（ペルーの国鳥）
ハチドリ
インコ
植物にいたっては5000種も生息しているのです
20人もの大人たちが手をつなげる大木もあります
しかし先進国による環境破壊のせいで絶滅の危機にさらされている動物たちもいます
オオカワウソ
オオアリクイ
毛皮にされちゃうんだ

マヌー国立公園の入り口です
ここで入園の登録をします
公園内にはマチゲンカ族などの先住民たちが大自然と共生し今もつつましく暮らしています
⑬
先住民たちは生活のために森の木を切っても根こそぎ引き抜くことは絶対にありません
土地に種をまくときは10種類以上の種を混ぜて植えます
こうすると土壌の栄養分を最大限に利用することができるのです
そして2～5年経つと新しい土地へと移動します
この方法だと土地が枯れずに再び蘇生することができるのです（焼き畑耕作）
われわれはこの先住民たちが昔から守ってきたある伝統の儀式をここでやるのです
ワク
ワク
めしはまだか
それがどんなものであるかも知らずにみな期待一杯でこのアマゾンに入ったのです――

カヌーに乗って

クスコから
30分ほどのフライトで
キーン
アマゾンへの入口の港町
プエルト・マルドナードへ
あっという間に着いたその港町は
クスコとは気候が一変します
わぁ〜
むし暑いッ
ムワ〜ッ
クスコとは
大違いだね
ここで
アマゾンの夢先案内人
モニカの登場です
初めまして
小柄な彼女は
まだ大学生なのです
彼女は若いのに
かなり豊富な知識を
持っています
でもけっして
それをひけらかさず
しかし質問にはいつも
真摯に答えてくれました
そう
まるで私とは正反対の
大和撫子のような女性でした
すぐ
いい加減な
知識をひけらかす
ねぇ
アマゾニア
って
知ってる?
彼女と私が空港から桟橋に
行く車中で隣合わせになり
アメをもらったので
ムイ デリシャス♪
おいしいね
クチャ
クチャ
とおぼえたての
スペイン語で言うと
candy
ノー、ノー
ユリさん！
Muy,delicioso
ムイ デリシオソ
とモニカに
やさしく直され
ちゃいました

ノーノー
ムイ デリシオソ！
ムイ デリシアソ
パク パク
ナニをやっても不器用な私は彼女に何度も直されちゃいました
いや〜ぁ
すっかりモニカとお友達になっちゃったあ〜
ピース♥
フン！
向こうはあきれてんだよっ
このプエルト・マルドナードの街並みはどことなく東南アジアの街並みに似た雰囲気でした
POL
CAMBIO
FRUTAS
POCO
UNO
ブッブー
ブオー
ブロロー
バスにゆられること数十分ついに桟橋に到着です
おおっ これがマヌー川か！
キラ キラ
ここからカヌーに乗ります
ええっ!?
この炎天下をッ!?
ギラ ギラ
大丈夫 エンジン付きのカヌーですよ
屋形船？
ホッ
――しかし目的地まで4時間もかかるそうです

カピバラ

カヌーはなかなか心地よくミルクコーヒー色の川を鳥やサルの鳴き声を聴きながらひたすら走りました
ピーッ
キキッー
ギャァ
キキッ
川の両岸には熱帯雨林がえんえんと続いていました
途中の川岸に
おおっ!
あっカピバラだ!
カピバラを発見!
体長135センチ
体重65キロ
ボーッ
世界一大きな天じくネズミです
カピバラの回りにはいつも小鳥がまとわりついてます
いわゆる共生ってやつですね
しかし現地の人々にとっては貴重なタンパク源になっちゃいます
グッグッ
ボーッ
カピバラウォッチングの後は
さらにさらにさかのぼりました
ガーッ
そのときアマゾンをのぞみながら食べたランチの味は生涯忘れえぬものとなりました
パク
パク
おいしいね♥

ランチの後 ある村に立ち寄りました
ザッ
ある人物を拾うためでした
ヨッ
ひさしぶり！
彼はここの村長さんで 名前がなんとドイさんです もちろん日本人ではありません
うんしょっと…
今夜から 3日間行う儀式の シャーマン（呪術師）なのです
ドイさんを乗せて カヌーはさらにさかのぼりました
アマゾンの青空は 瞳にあざやかな藍色で どこまでも広く雄大に 澄みきっていました
4時間後 ようやく目的地に 到着しました
さぁ～ 皆さん 着きましたよ
ここには 水道もガスも電気も電話も 電磁波もありません いっさいの文明利器が 使えないのです！
ハラ へったな
ワクワク
こんなところで いったい ナニをするんだろう―― 私たちは期待に 胸躍らせていました♪

ジャングルロッジ
私たちはカヌーをおりて
緑しかない…
タンボパタジャングルロッジという緑いっぱいのお宿に入りました
キキーッ
ケケーッ
クエーッ
アホーッ
受付兼食堂になっているコテージでは支配人のペットのオウム君がにぎやかに出迎えてくれました
そしてその支配人というのがな、なんとうら若き金髪美人だったのです〜ッ
ようこそいらっしゃいました…
蚊の泣くような声
キラッ
キラッ
こんなところで思わぬ美女の出現に
おおっ
男性陣はにわかに色めきたちました
タイプ
フンッ
あの女はぜったいわけありだね！
オーナーとフリンしてるに決まっとる！
美人を見ると必ず難くせをつける
ハイハイ
私たちの寝床は食堂から一番離れたコテージで電気はないけれど
トイレ・シャワーはちゃんとついていました
でもお湯ではなく冷たい水のシャワーでしたが…
ちべたいっ！
ブルブル

室内は扇風機もなく
蚊帳つきのベッドがあるだけです
ここは電気が通ってないので
ボ～ッ
夜はろうそくの灯りしかありません
しばらくハンモックにゆられ
ZZZ…
まったりとしたときを過ごしました
ランチはあまり期待してませんでしたが豪華でした
うおーっ!!
そして日が暮れるとあたりは漆黒の闇に包まれ
いよいよ儀式の始まりです
夕食抜きと聞いて大食いの私は
めしっー!!
なんでぇッ
魂の浄化のためです
夜7時図書館になっている大きなコテージに全員集合です
ゾロ
ゾロ
ゾロ
いったいナニをするんだろう…
なぜかまくら持参です

ナゾの儀式１

殺風景な
20畳ほどのコテージには
一人一人のマットが
敷かれていました
私たちのメンバーの他に
モニカと現地の人２人が
参加していました
カルロス
ペドロ
部屋の中央には
なぜかバナナの葉を持った
シャーマンのドイさんが
鎮座していました
私たちが腰を下ろすと
トイレットペーパーと
ビニール袋が配られました
ハイッ
ハラへった！
なんだこりゃ？
後でこれらの物が
いかに必要か
思い知らされましたが…
まずエハンが
ドイさんの前に
進み出て
いよいよ
儀式の始まりです
ドイさんの前には
茶色の液体が
不気味に
置かれていました
これが
アヤワスカです
今夜これを
一人一人
飲むのです——

見た目はどうってことのない
一本のつるですが
これがアヤワスカ（精霊のつるの意）の木です
インディヘナたちは
このつるからしぼり取った
樹液を精霊と交信するために
太古の昔から飲んできました
免疫力を高めたり
DNAにまで作用する
といわれる
驚異の植物なのです
ガンや難病が
治った——とか
色々なうわさも
あります
私たちは
このアヤワスカを飲んで
魂を浄化し
霊的なビジョンを見よう
としているのです
しかも
うまくいくと
グ〜ッ
なんじ
悩める
人々を
救うべし
天からの
啓示を
受ける人も
いるのです
しかしエハンがひとこと——
アヤワスカは
人を選びます
だから
すべての人が
ビジョンを
見れるわけでは
ないのです
まずそのエハンから
ナゾの液体アヤワスカを
一気に飲み干しました
グイッ

さあ〜ついに
イソ君の番です！
ドキ
ドキ
ドキ
トク
トク
飲むのは
小さなコップに
たった半分ぐらいの
量なのに
ぐいっ
強烈な苦味と酸味があり
ドロ〜ッとしたのどごしは
最悪でしたッ！
超ゲロまずっ！
みんなもこのまずい
飲物を必死で
飲み干しました
グビ
グビ
灯りが
すべて消された
真っ暗闇の中で
しばらく
目を閉じて
横たわって
いると
体全体が
しびれだし
ジンジンして
金縛りのような状態
になってきました
やがて――
イソ君のまぶたには
サイケデリックな
幾何学模様がチカチカ
輝きだしました

…おおっ
いい感じ
ナニか
起こりそう
な予感がする
とイソ君が
思いきや
左どなりのカルロスが
オエーッ
ゲー
いきなり
激しい嘔吐を
始めました
そのうめき声で
イソ君も現実に
引きもどされたとたん
うっ
激しい
吐き気に
襲われました
そうなんです
トイレットペーパーと
ビニール袋は
このときの
ためだったのです!
鈍感な右どなりの
私もついに——
オエーッ
イソ君は
さらに
腹の調子も
おかしくなり
ゴロゴロ
ゴロゴロ
ややばいっ!
部屋には
バナナの葉を
ふる音だけが
響いています
シャカ
シャカ
シャカ
シャカ
悪いビジョンを
見ないように
シャーマンがお祓い
をしているのです
イソ君はビジョン
どころではなく
身の置き場も
ないほど
気分は最悪状態
でした
う〜ん
う〜ん

ジャングル探検

アヤワスカ酔いもさめやらぬ翌朝は快晴で
ふ〜っ
アマゾンのジャングル探検に行く日です
モニカがそのジャングルの夢先案内人です
ジャングルはとてもむし暑いです
でも虫に刺されると危険なので肌はぜったい露出しないで下さいね
探索場所はロッジからカヌーで20分ほど下ったところです
うっそうとした原生林がおい茂っていて
直射日光はあたりませんが湿度が高く少し歩くだけで汗がふき出してきました
でました質問狂男
ねえモニカ
ここにはいったい何種類くらいの木があるの？
花と木だけでおよそ5000種あります
中が空洞になってるよナニこれ？
このデッカイのは？
フィグツリーです
ケポックです
樹齢は何年くらい？
南国の木には年輪がないので推定500年くらいでしょうか
歩く木があるって聞いたけどホントにあるの？
ありますよこの奥に！

これがその歩く木です
ほおっ
ナニこのタコ足は!
歩く木ってホントにテクテク歩いたりするの?
んなわけないだろッ呼び名だろッ
アホッ
いいえイソさんホントに歩くんですよ
一年に5センチほどですけどね
え~っまじ~!?
日なたを求めてこの根の部分がのびて
日陰のところの根が枯れて少しずつ移動するのです
へぇ~
ここんとこすごいトゲだねッ!
ハイ
ここの人たちはおろし器として使ってます
いやぁ~しかし
モニカは若いのになんでもよく知ってるなぁ~
感心感心!
テクテクって歩くのかと…
さぁ皆さん
このジャングルを抜けたところでひと休みしましょう!
とモニカの後についてゆくと——

突然視野が広がり
目の前に細長い沼が現れました
ここで各自ボートに乗ってアマゾンの心地よい風にふかれていると
アヤワスカ酔いもすっかりさめてしまいました
が湖面に目をやると
水面になにやら黒い物体が…
ズン
ズン
ズン
そしていきなり水中から飛び出し…
ガーッ
ギャーッ
キャーッ
あわやボートをひと飲みに!?
——なぁんちゃって
スィ〜ッ
それは体長数十センチくらいの子ワニでした
親ワニは6メートルにもなりますが…
セオ氏がクラッカーを与えると喜んで食べていました
ほれ…

アマゾンにはもう一つ忘れてはならないどん欲な**ピラニア**がいます
バシャ
バシャ
ガッ
ガッ
ガッ
ガッ
クラッカーのおこぼれをむさぼっていました
以前ここに来たときにね
テヘッ
こんなやつらがひそんでいることも知らず泳いじゃったんだよね
ピラニアの存在を知るとみんなあわてて大型のイカダに乗り移りました
ひぇ〜ここで泳いだのッ!?
フフッ
確かにここにはあの恐ろしい**アナコンダ**も**ピューマ**もいます
ふーん
けれど動物たちは私たちが森に入ったことをもう知っているのです
などとみんなで歓談していると
ドッカーン
ピカッ
突然遠雷がとどろきました
ポツリ
あらひと雨きますねいそいでもどりましょう!
モニカの言うとおりロッジにもどったとたん土砂降りになりました
ザーッ
ラッキー♥

ナゾの儀式 2

夜来の雨もすっかり上がり
翌朝はジャングルの動物たちの鳴き声で目ざめました
ピィーッ
ギャーッ
キャキャーッ
あぁ〜
ここは秘境の地アマゾンなんだなぁ〜
ピーッ
キキッ
としみじみ感慨にふけっていましたが
こんなさわやかな日なのに
ピピッ
今夜もまたアヤワスカを飲むんだよね
げげ〜
そうだ！
モニカがたくさん水を飲むとイイって言ってたよ！
ほおっ
というわけで私たちは水をたくさん飲んで
ゴクゴク
グビグビ
予防線をはりました
その夜の2回目の儀式もおごそかに始まりました
トクトク
アヤワスカは相変わらずのまずさでした
おえ〜〜っ

水をたくさん飲んだせいか吐き気はおこりませんでした
ホッ
そのうち体がじんじん熱くなってきて
ZZ…
ZZ…
しばらくうとうととまどろみました
ナニかが見えるかも!?
イソ君は大いに期待しましたが結局ナニも見えませんでした
すると部屋の静寂をやぶって
ラ〜ララ
ララ…
女性の歌声が聞こえてきました
マーサの声でした
いったいナニを見ているのでしょうか?
いいなあ〜
結局凡夫なるイソ夫婦は今日もナニひとつ見えませんでした
ラ〜ララ
期待はずれとアヤワスカでしびれた体を引きずるように外に出ると
きゃあ〜
あちゃ〜
ザーッ
バーッ
カーッ
あざ笑うかのような横なぐりの雨で自分たちの小屋に急いでかけもどりました

危険がいっぱい

アマゾンで再び晴天の朝を迎えました
ピピッ
キキーッ
朝食のときエハンが——
みんなホントによくがんばってくれた!
そこで今日一日は**フリータイム**にします!
おおっ
みんなこれまでの疲れがかなりたまっていたので
おれはねる
お先に…
部屋に帰って休むという人がほとんどでしたが
元気組が近くのジャングル探検に行くことになりました
行きますか?
行く
行く!
中年3人組ね…
ナニごとにも几帳面でまじめなモニカは
じゃ〜ん
近くのジャングルでも完全武装です
ジャングルはどこでも危険がいっぱいです
ズボンは**必ず**クツの中に入れて下さい!
とモニカがしっかりと念を押したのに
ナニごとにもいい加減な私はその忠告をまったく守りませんでした
♪ジャングルたんけん〜♪
ヒラ
ヒラ
案の定得体の知れない虫が入り
チクリ!
いだっ
刺されてしまいました

虫に刺されたことを
かくしていましたが
内心は――
ヘーキヘーキ
アマゾン帰りの
主婦謎の病に!?
大田区在住のYさん
ど、どうしよう
という新聞の見出しを想像してあせりまくっていました
そんなアホな私をよそにモニカは
これはアリの巣です
でかい!
ホーッ
ジャングルの小さな虫から猛獣までていねいに説明してくれました
さらに奥深くジャングルを行き――
ほらっ!
しっ
とモニカの指さす方を見ると
子ザルでした!
キーッ
ミーキ

きゃあカワユイッ♥
アマゾンザルだあ
おおっ
しかし
ワニといいちっこいのばっかだね
フンッ
そんなこといって虫一匹でも大騒ぎするくせに！
ピューマでも出たら気絶するんじゃねえのッ
わたしは一度だけ**ピューマ**を見ましたよ
へぇ〜ホントに!?
瞳が赤く光ってにらみつけていましたけど
すぐ去ってしまいました
やつらの方も人間を恐れているのかな…
こんな風に和気あいあいと中年組は**5キロ**ほどのジャングル探検を楽しみました
探検からもどると
他のメンバーたちも思い思いのことをやっていました
まったりと読書にふける人

心静かに瞑想をする人
ただただボ〜ッとする人
アクティブに木登りを楽しむ人たち
上からのながめはいいぞぉ〜
マチュピチュの思い出話をする人たち
また行きたいね
うん今度はバスでね
こうしてメンバー全員が病気もケガもなく無事にここまで来れたことはなによりのことです——
感謝感謝♥
そしてお昼は
よく食うな…
ガッ
ガッ
みんなでアマゾンの伝統料理に舌づつみをうちました
今夜はついに最後の儀式です！

最後の儀式

さあ～泣いても笑っても今日が最後の儀式です
最後の儀式は外でやる予定でしたが天気が悪くなるので室内でやります
アヤワスカの量も少し減らします
単純な私たちは
やったぁ！
わーい
エハンのひと言で喜んで儀式にのぞみましたが
モニカはパスしてしまいました
アヤワスカに限界を感じてしまって…
量を減らしてもアヤワスカは相変わらずゲロまずく
おえ～
ゲホッ
今日こそは！
とイソ君は目を閉じました
ここでちょっと他のメンバーの体験を紹介しましょう！
ヤマさんはビジョンは見れなかったけど
ウソッ
メガネなしでよく見えるぞっ！
ド近眼
と大興奮していましたが…
やっぱりメガネは手離せない…
帰国してしばらくするともとのモクアミでした

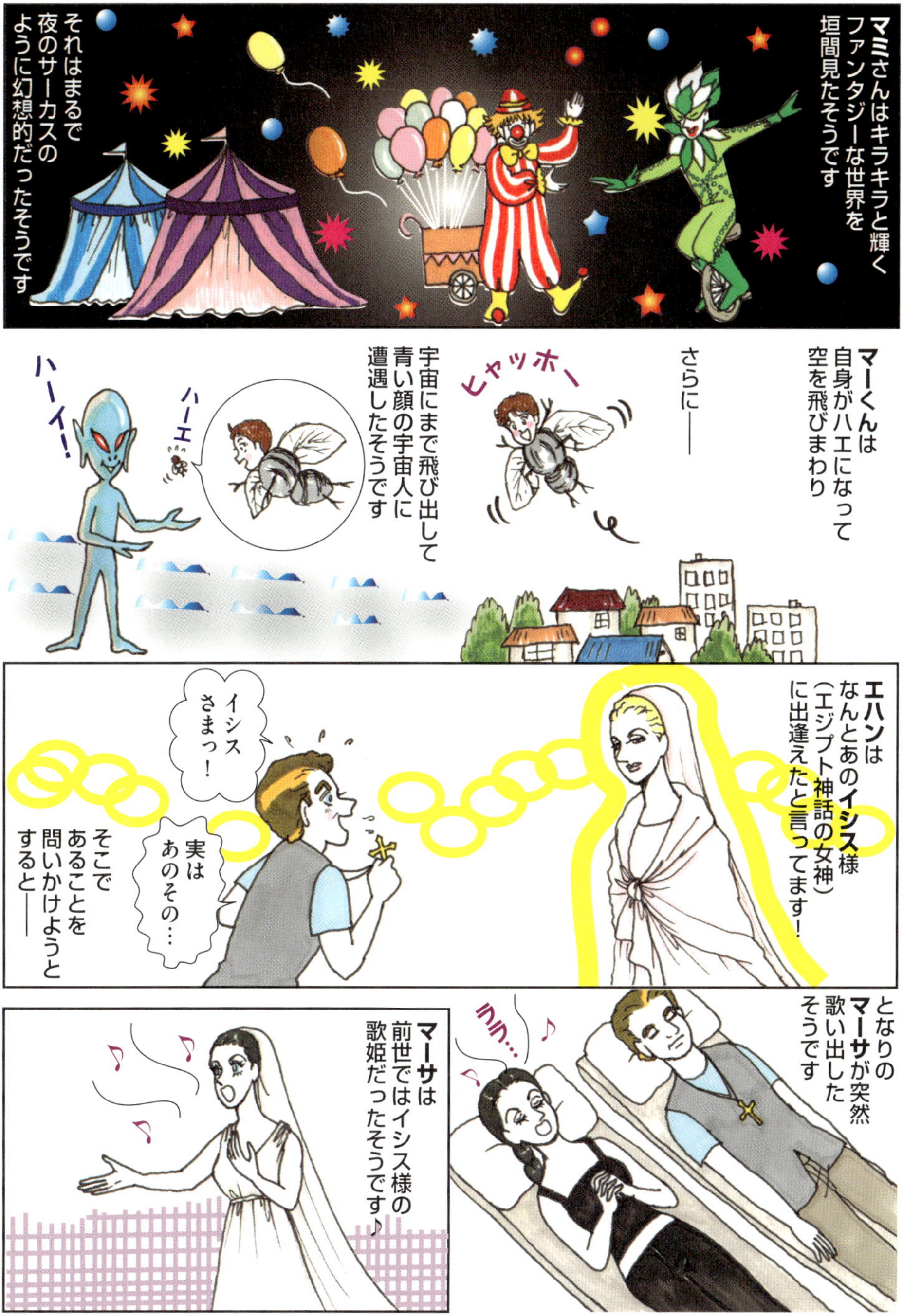

マミさんはキラキラと輝くファンタジーな世界を垣間見たそうです
それはまるで夜のサーカスのように幻想的だったそうです
マーくんは自身がハエになって空を飛びまわり
ヒャッホー
さらに――
宇宙にまで飛び出して青い顔の宇宙人に遭遇したそうです
ハーエ
ハーイ！
エハンはなんとあのイシス様（エジプト神話の女神）に出逢えたと言ってます！
イシスさまっ！
実はあのその…
そこであることを問いかけようとすると――
となりのマーサが突然歌い出したそうです
ララ…
マーサは前世ではイシス様の歌姫だったそうです♪

モニカは前回 自分の前世を しっかりと見たそうな
エジプトのお姫様 だったそうです (さぞかしカワイイ お姫様だったろうな♥)
結局 どうしようもなく 凡夫なイソ夫婦は ナニひとつ見ることが できませんでした
しゅん
正直私は
将来のビジョンも やるべきことも わかってるわよ!
ただ ゲロはいて ゲリした だけじゃん!
と憤慨しました
エハンいわく——
シャーマンは アヤワスカを 飲むときは1年間 バナナと白身魚 だけの食事しか とらないのです
砂糖やコーヒー スパイスなどの 刺激物を摂取すると キレイなビジョンが 見れないからです
大のコーヒー好き・から党
要するに 異次元とコンタクト するためには 体の浄化も必要なのです
やっぱ おまえは かなり 汚れてんな
とどのつまり イソ夫婦は 残念ながら アヤワスカに選ばれ なかったのです
NO!!
くそっ 愚妻は ともかく なんでわしが…
ズズッ

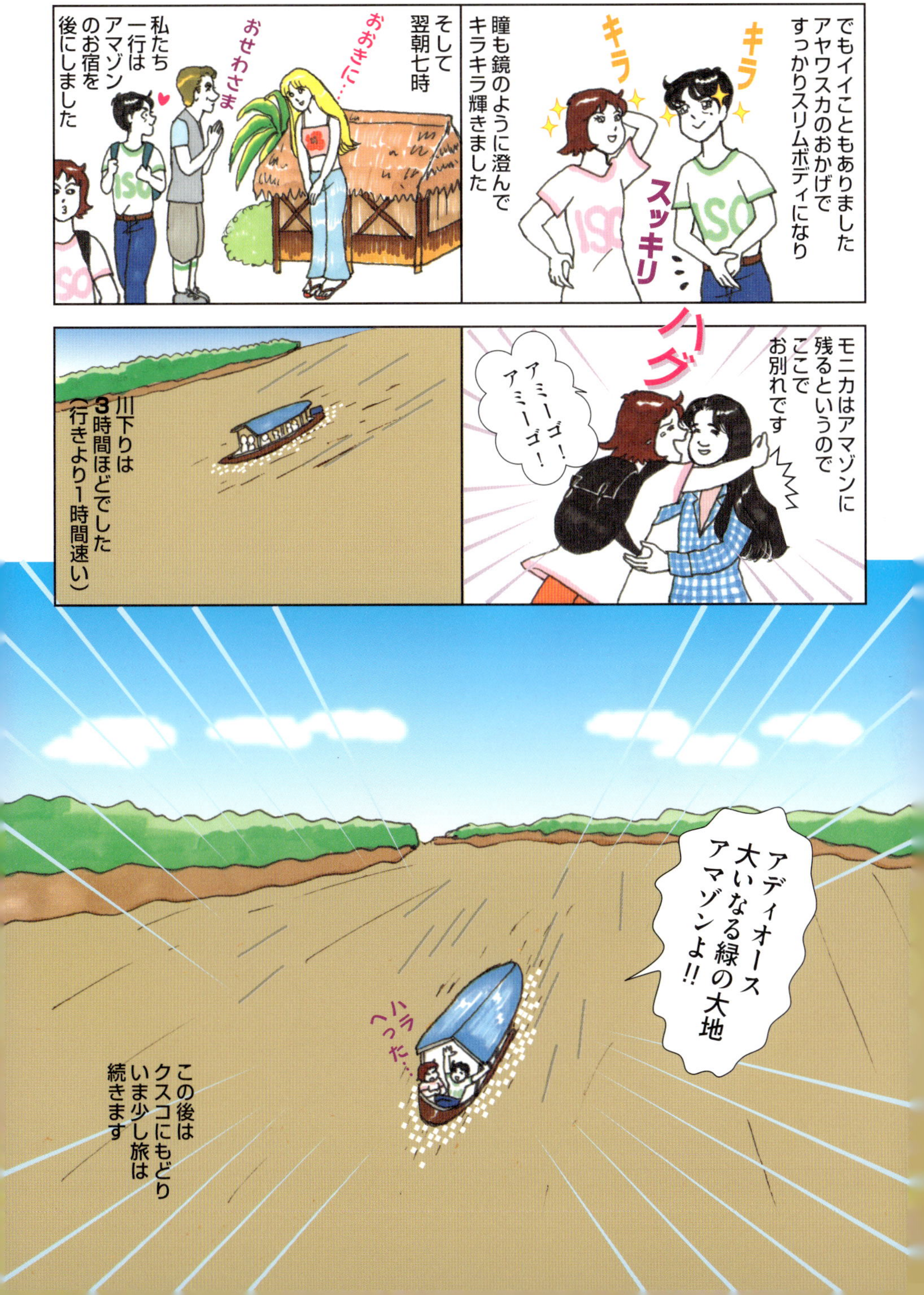
でもイイこともありました
アヤワスカのおかげで
すっかりスリムボディになり
キラ
キラ
スッキリ
瞳も鏡のように澄んで
キラキラ輝きました
そして
翌朝七時
おおきに…
おせわさま
私たち
一行は
アマゾン
のお宿を
後にしました
モニカはアマゾンに
残るというので
ここで
お別れです
ハグ
アミーゴ！
アミーゴ！
川下りは
3時間ほどでした
(行きより1時間速い)
アディオース
大いなる緑の大地
アマゾンよ!!
ハラへった…
この後は
クスコにもどり
いま少し旅は
続きます

クスコに乾杯！

アマゾンでの
アヤワスカの儀式を
無事に終え
またまたクスコに
もどって来ました
これで
聖なる旅の
全工程が
ほぼ終了です
なので
ホッとして
ホテルで
くつろいで
いると
ラーメン
食いたい
なぁ〜
オレも
食いたいっ
あたしも！
ということで
中華屋を求めて
街中をうろつく
こと30分——
満腹飯店
あった!!
ワーイ♥
ところがメニューが
スペイン語なので
まったくチンプン
カンプンです
ゲッ
英語の
メニュー
はないの!?
ノン!
満腹飯店
仕方なく
みな
てきとーに
注文しました
弁財天
う〜ん
えいっ
え〜と
こ、これ
満腹飯店
イソ君は麺つゆを
頼みたかったのですが
ドーーンッ
出てきたのは
巨大焼きソバでした
でもプリップリッのエビが
たくさん入っていてなかなか
いけたそうです
愚者三人
ガツ
ガツ
だれ一人
ラーメン
頼めず
クスンクスン
なぜか
オムレツ

食後私たちは腹ごなしに街中を散歩しました
バーッ
ブッブッー
ブーッ
ガーッ
つい数十年前のクスコには車が走っていなかったのがウソのような喧騒です
街のあちこちで日本人と同じ遺伝子を持つインディヘナたちが物静かに商いをしていました
……
せんえんっ
せんえんっ
せんえんっ
全部で千円っ!!
いらんもうっ!
バリのみやげ物売りとはえらい違いです
狭い路地裏では子供たちがペットボトルをボール代わりにサッカーに興じていました
ワー
ワー
ワー
500年もの時をだまって見つめ続けてきた古い重厚な石畳――
それも残念ながら今日で見納めです
いにしえの街・クスコ
日本からはるか遠く離れた知らぬ街だったけれどなんと郷愁をさそう街なのでしょうか
EL PERU
世界中から魂のいやしを求めて人々が集う場所――というのがようくわかりました

最後の晩餐会は
モグ
モグ
やはりフォルクローレ（民謡）演奏を聴きながら楽しみました
そしてホテルにもどってメンバー全員がロビーに集合し
キャッ
キャッ
ピスコサワーを片手に聖なる旅について話し合い
ペチャ
クチャ
さらに一人一人がその想いを発表しました
メンバー一の問題児と思われた私は――
ん～とですねぇ
もっともっと南米ペルーの歴史について調べてくれればさらに味わい深かったと思いますぅ～
そうだ！オメーはマチュピチュすら知らなかったな！
あまりにも無知だあっ！
でもっ
最高4200メートル全長47キロものインカトレールを無事に踏破できた自分をほめてあげたいと思います
キラッ
キラッ
キン
キン
そうだっホントは体力あるくせに今までなまけてただけなんだッ
キン

メンバー最年長のイソ君は――
せっかく恋こがれたあこがれのマチュピチュに来たのに
ワイナピチュに登ったため見学する時間がまるで足りませんでした…
だきゃらあ
あたしゃワイナピチュに登るのに反対したんだあ
でもなんたって世界遺産人気ナンバー1のマチュピチュに
自身の足でたどり着いたというのはやはり感動的でした！
次回は楽チンな電車とバスで来よう♥
その日夜遅くまで聖なる旅インカトレールからアマゾンのインディヘナの儀式まで話がつきることはありませんでした
この旅で結ばれしふしぎな縁――みなスピリチュアル好きの変わり者ばかりでしたが
数あるイソ夫婦の旅の中でももっともあざやかな異彩を放つ思い出となりました

翌日の早朝 ホテルの前で この旅の引率者 エハンとはお別れです
おおっ イソさん！
あなたは 年長者なのに ほんとによく がんばりましたねぇ
ああ エハンっ!!
こちらこそ いろいろ お世話に なりましたぁ〜
初めは 照れくさかったハグも
ヒシッ
今は心の底から **ありがとう!!**の ハグでした——
15日間苦楽を共にした女性 陣はみな涙ぐんでいました
しんみり
ウル
ウル
このときばかりは 私も細い瞳に涙を いっぱいためました

グッバ〜イ
バ〜イ
さよなら〜
さよなら〜
ブォ〜
このせつないエハン父娘との別れは同時に通訳がいなくなることも意味するのです
ここはスペイン語圏 英語はまるで通じません
あたしにまかせて♥
全員外国語オンチ
おめーにだけは絶対まかせられん
予定表によるとリマではまる1日も空き時間があるのです
予定表
ホテル出発 6：00
クスコ空港 7：00発
リマ空港 8：00着
アトランタ行 24：10発
空き時間は市内観光をする予定なのですが
気を引きしめよう！
その交渉ごとをイソ君がすることに
みんな不安な気持ちを抱えたままクスコ空港に向かいました
イソさん大丈夫かな
あてにならん
English
リマはもともと治安があまりよくありません 思わぬところに思わぬ危険が潜んでいるのです
キーン
旅はどんなところでもどんなときでも絶対に絶対に気を抜いてはいけないのです!!

リマ空港

案の定 機内でコーヒーに目のない私が
ミルク?
イエス プリーズ たっぷりねん♥
生ミルクにあたって
お腹を下してしまいました
リマ空港に到着したとたんに
再びもよおし…
一目散でタラップをかけ下り空港ビル内のトイレを目指しました
ところが——
運悪くなにやら非常事態で
ワイ
STOP!!
空港内におびただしい数の警備員がおり
ガヤ
ガヤ
ワイ
ガヤ
ナニ?
ものものしい雰囲気なのです
誰もがすわテロか!?
きん ちょー
と硬直状態に——

しかし
ようく聞いてみると
ホッ
This is training…
ただの
地震訓練でした
けれど
ノンッ!!
訓練が終わるまで
空港ビル内に
入ることは許され
ませんでした
あわれ**ゲリピー**の私は
青ざめた顔に
玉のような
冷や汗をたらし
うっそお〜
タラ
タラ
タラ
イソ君がいくら
交渉しても
Please…
ラチがあきません
しびれをきらした私は
自ら警備員のトップ
らしき女性に
ハチャメチャの英語で
かけあいました
トイレッ
トイレ トイレ トイレ トイレ トイレ
ノンッ!!
ストマック
ピーピー
キャリアウーマンなる者は
どこでも融通がきかない
彼女は冷たく言い放った!
ダメったら
ダメなの!
あんた
もっちゃう
でしょっ!
ツ〜ン
当然あたりは
見わたす限りの
コンクリートで
仕切り一つありません
いくらなんでも
大和撫子はシリ出して
こんなことは
できませんしぃ…

私はもう
がまんの限界に
達していました
もらすなよっ!
ソワ
ソワ
ですから
訓練が終った
とたん
死に物狂いで
空港ビルに
飛びこんで行きました
ピュー
なんとか事なきを得たものの
くそぉ〜
なんて
ヤなやつ
なんだあッ!
ふき
ふき
怒りは
かんたんに
おさまりません
でした
まったく
どじなやつだ
NO ENTRY
2 ARRIVALS
さて
イソ君には空港で
仕事があります
ガラ
ガラ
ガラ
ゾロ
ゾロ
今日一日の
市内観光の手配です
空港には
見るからにあやしげな
客引きの男たちがいました
イイ
とこ
あるよぉ〜
安いよ
安いよぉん
HISPA
そんな中から
慎重に業者を
選び
トヨタとは
ホントは関係
ないくせに…
まあいいか
TOYOTA
交渉を始めました

車の手配や価格はなんとか折り合いがついたのですが
私たちの荷物を彼らが預かると言い出しました
トヨタなんて看板を出しているけど疑わしいものです
知らないうちに麻薬なんかを入れられ監獄行きなんて話も実際にあるのです
No! No!
プルプル
用心深いイソ君は「絶対ダメッ!」と拒否しました
そしてみんなの大荷物は安全な空港のロッカーに預けました
ココなら安全！
6人乗りの車を確保し
わりとキレイ
イソ君もひと安心と思いきや
英語のできる運転手と念を押したのに
Please drive us…
? ? ?
英語はまるで通じませんでした
なので助手席のイソ君は身ぶり手ぶりの悪戦苦闘の連続でした
? ? ?
take us…
おい！いい加減わかれよ

リマ観光

なんとか運転手さんと話がついて
ブロロ…
まずは博物館にでも行こうということになりました
ラファエル・ラルコ・エレラ博物館です
MUSEO RAFAEL LARCO HERRERA
ここにはラルコ氏個人が収集した約4万5000点ものコレクションが展示されています
モチェ、チムー、ナスカ時代の土器やつぼが所せましと並べられていて
ラルコ氏のアンデス古代文明にかけるただならぬ情熱が感じられました
そのお堅い博物館に別棟があり
なんとなくあやしげな雰囲気で…
MUSEO dela…
入場料13ソル（約500円）鼻血用ティッシュ必携！なんて書いてありました
入ろう！入ろう♪
サッ
コーさん

ここにもやはり
古代文明の土器やつぼなどが
展示されていました
フムフム
——が
よく目をこらして
見てみると
ん?!?
こ〜んな
もんばかりが
チン座していました
別名
エロエロ博物館
という
由来がよぉ〜く
わかりました
ヒャハハ
古代人の表現は
あまりにも
ストレートです
この展示物を
無言でじーっと
ながめていたコーさんが
ひとこと
つぶやきました
じ〜っ
ああ〜っ
はやくツマに
あいたいなぁ〜
なっ♥
ズルッ
イソ君
思いっきり
ずっこけたー

さすが4人の子持ち!
一人くれ!
その後――
一行は世界中どこにでもある中華街へ行き
中華街
中華街
運転手さんもまじえてみなでおいしく中華を食べました
和気藹々
ガヤ
ガヤ
ワイ
ワイ
食後は海が大好きな私が楽しみにしていたリマビーチに行きました
チャラと呼ばれるこの海岸地帯は年間を通してほとんど雨が降りません
5月にかろうじてインカの涙と呼ばれる霧雨が降るだけなのです
リマガニ?
あっカニだ!
海岸につき出たシャレたレストランがあり
そこでお茶を飲みくつろぎました

海——しかもはるか彼方
地球の裏側にある
群青を見つめながらの
優雅な優雅な
ティータイムです
いつもやかましい
愚妻がめずらしく
静かだな…
……
イソ君は私が
最後の旅愁にでも
ひたっていると思っていた
——違うのです
あろう
ことか
ゆれる波を
見ていて
波酔いして
しまったのです!
バカたれ!
キモチ
ワリイ…
クタッ
次に一行は
ブォ〜
高級住宅街
ミラ・フローレス
地区を抜けて
黄金博物館へ行きました
MUSEO ORO DEL PERU
それは
ユーカリの木立に
囲まれた
閑静な住宅街に
ありました

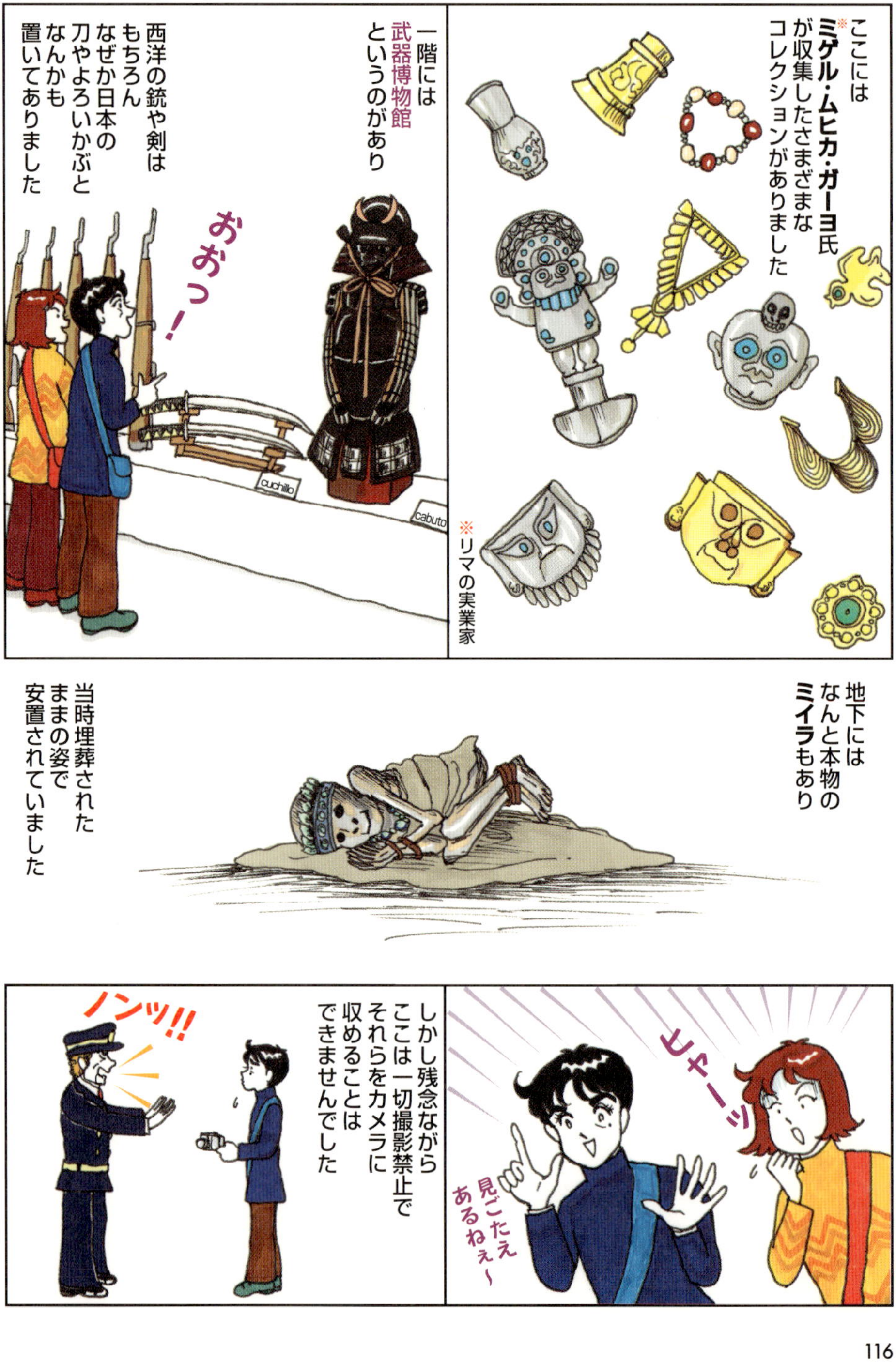

※ここには
ミゲル・ムヒカ・ガーヨ氏
が収集したさまざまな
コレクションがありました
※リマの実業家
一階には
武器博物館
というのがあり
西洋の銃や剣は
もちろん
なぜか日本の
刀やよろいかぶと
なんかも
置いてありました
おおっ!
cuchillo
cabuto
地下には
なんと本物の
ミイラもあり
当時埋葬された
ままの姿で
安置されていました
ヒャーッ
見ごたえ
あるねぇ~
しかし残念ながら
ここは一切撮影禁止で
それらをカメラに
収めることは
できませんでした
ノンッ!!

ここで
じっくりと時間を
ついやして外に出ると
カァ
カァ
もう
夕暮れどきでした
このときにはもう
運転手さんとも
オカエリー
ニコ
ニク
すっかり
打ちとけて仲良く
なっていました
さあ〜後は
その彼の運転で
一路空港に向かうだけです
オモロカッタ?
オモロー
グー
ところが
このおだやかな
運転手さんが
突然豹変して
しまいました
まだまだ時間はたっぷり
あるというのに
ビュー
飛ばすこと飛ばすこと!
オラオラ
てめーら
どけえ〜ッ
じゃま
なんだよッ!
こわっぱどもがッ
もし
もし…
運転手さんの態度が
コロッと変わったのは
渋滞の時間帯
だったからです
ブーッ
ブブッー
ババーバーッ
ここリマの渋滞は
東京のものの比
ではありません!

さらばペルー

かけ足の観光でしたがリマという街はなかなかの都会でした
リマとクスコではかなり雰囲気が違います
私のおすすめはやはり郷愁を誘う情感たっぷりのクスコです
EL PERU
世界屈指のパワースポットなので皆さんにもおすすめです！
ようやくリマ空港に着き運転手さんともお別れをして今日の行程を無事終えました
グラ～シャス！
サヨナラ～
ブ～ッ
これで帰れる
ホッ
おもろかったね！
9 SALIDA
8 SALIDA
7 SALIDA
ここで別行動をしていたミキさん母子と合流し
後はメンバー全員帰国の途につくのみです

みな
長旅を終え
安堵の表情も
浮かんで
いましたが
ひとりだけ元気♪
NNN…
グッタリ
やはり
疲れは
かくしきれ
ませんでした
熱あり

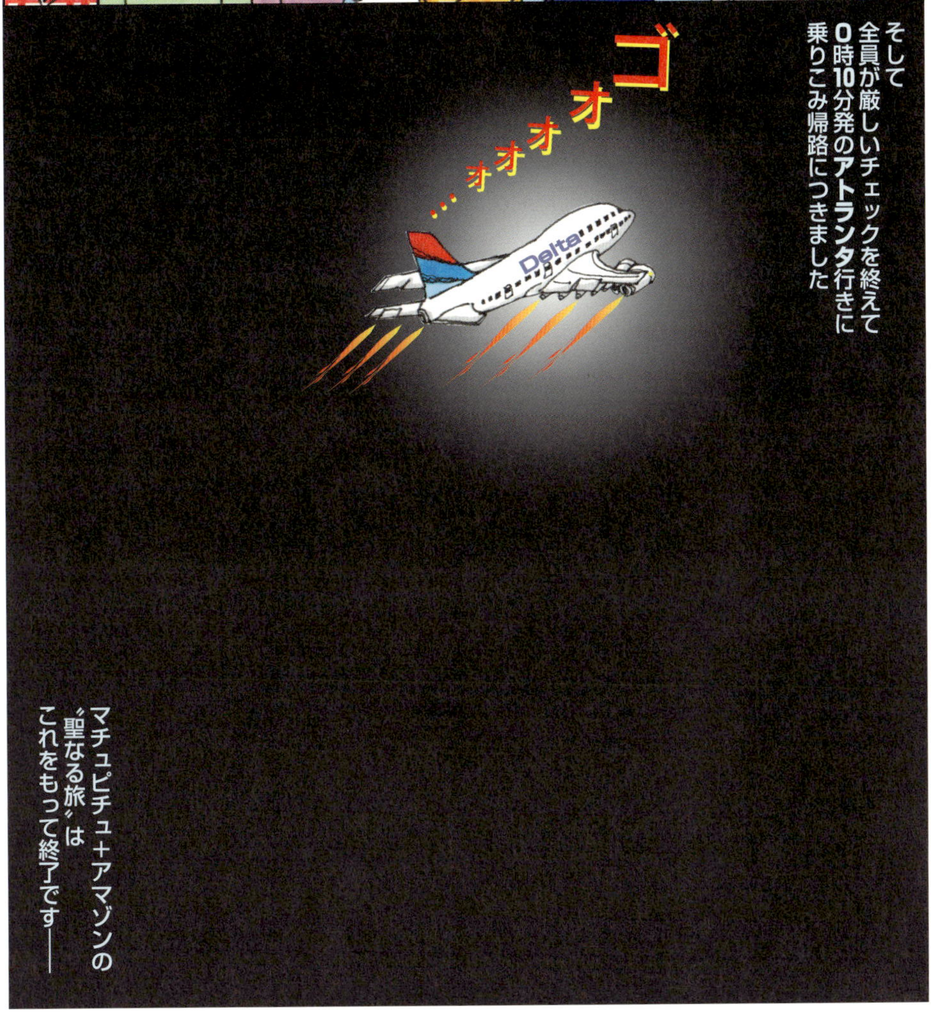
そして
全員が厳しいチェックを終えて
0時10分発のアトランタ行きに
乗りこみ帰路につきました
ゴオオオオ…
Delta
マチュピチュ+アマゾンの
“聖なる旅”は
これをもって終了です——

郷土料理

肥沃なアンデスの土壌で採れるジャガイモ・トマト・トウモロコシや、太平洋でふんだんに獲れる新鮮な魚介類などの素材を使用した多彩なペルー料理です。

パパ・ア・ラ・ワンカイーナ
ゆでたジャガイモに唐辛子の
入ったチーズソースをかけたもの

ロモ・サルタード
牛肉・ピーマン・フライドポテト・
玉ねぎなどを炒めたもの

アルパカ・ア・ラ・プランチャ
アルパカの肉を焼いたもの
ちょっとクセがある

アヒ・デ・ガジーナ
鶏肉・ニンニク・玉ねぎなどを炒め
牛乳やチーズと煮込んだもの

アンティクーチョ
牛の心臓の串焼き
焼き鳥みたいなもの

セビッチェ
白身魚・イカ・紫玉ねぎなどを
香辛料とレモン汁であえたもの

チュペ・デ・カマローネス
川海老のトマトスープ

ポジョ・チャクタード
骨付き鶏肉を叩いてフライにしたもの

ロコト・レジェーノ
大きな唐辛子の肉詰め

クスケーニャ
クスコのビール
さっぱりしている

インカ・コーラ
国民的に愛されてる
黄色のコーラ

チチャ・モラーダ
紫トウモロコシ・シナモン・グローブで
煮こしたものにレモンを加えた飲み物

ピスコ・サワー
ピスコは白ブドウの蒸留酒のこと
そのピスコに卵白とレモンを加えてシェイクしたもの

おみやげ

街中のあちこちに、みやげ物屋が軒を連ね、物静かなインディヘナたちが淡々と商いに勤しんでいます。その品々のほとんどが彼らの手作りで、安価な物ばかりなのでお買い得です。が、たまに粗悪品もあるので注意しましょう。

インディヘナの必需品、
耳あてのついたニット帽

アンデスの天然塩

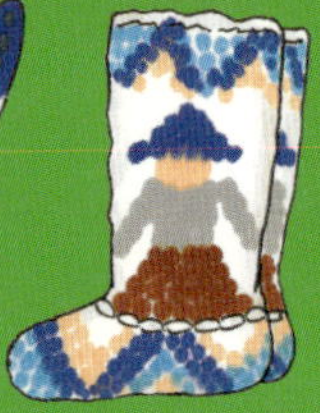

手編みの手袋と靴下

リャマの毛のタペストリー

アンデスの古代文明調のポシェット

インカ伝統の模様が
掘りこまれた
ネックレス

アンデス独特の楽器
サンポーニャとケーナ
アンデスの布（マンタ）
アルパカのセーター
（少し値がはる）
リャマの毛で織ったクッション
ボクは色違いのTシャツをたくさん買いました。
MACHU PICCHU
マンタも数枚買ってきてマチュピチュの思い出のように色あせることなく我が家を彩ってまーす♥
大量のおみやげがいる私はアルパカのマフラーを買ってきて皆に喜ばれましたあ～
我が家のボロかくし

ペルーの人々

日本からはるか彼方のペルー。わが国にはあまり馴染みのない国だけれど、
日本人と似た遺伝子を持つだけあって、逢うとどこか懐かしさを覚えます。

リャマを連れた
インディヘナの親子

インカトレールで
出会った少年

アマゾンのマッチョ

市場のインディヘナたち

ペルーのイケメン
（ガイドです）
ペルーの美女
（列車の乗務員です）
エキゾチック♥
きゃー
タイプ♥
チチャを
愛飲するおじさん
ウルバンバ川を背に
編物をするお婆さん
民族衣装の少女たち
（カメラにはにかみ、
ちょっとおすまししています）

証明書

これがインカトレール踏破の記念です

私たちは日頃日本の山々を歩きますが、せいぜい標高2000メートルくらいが関の山です。インカトレールはそもそもがその1.3倍の高所から始まります。

2日ぐらい高地に慣れてからのトレッキングとはいえ、インカトレールはやはりかなりきつい行程でした。

下の証明書はインカトレールを終了したところで、ツアーガイドのアドリエールが参加者一人ひとりにくれたものです。

標高3400メートルのクスコから始まり、最高標高4200メートルのワルミワニュスカを含む険しい山あり谷ありのインカトレール。この約50キロに及ぶ長い道のりを歩き通したという証――知らない人にとっては一枚のただの紙切れにしか過ぎないものですが、私たちにとってはかけがえのない宝物になっています。

あとがき

編集部より　イソ夫婦に聞きました

――この旅で一番辛かったことは？

イソ君　そりゃあもう高地だから、空気がかなり薄くて、体が慣れるまで息苦しく、どんな姿勢をとっても体が楽にならなかったこと。

ユリ　高山病にかかったこと！　これは本当につらかった。冗談じゃなく本気で救急車を呼んで入院したいと思った…。

――では一番楽しかったことは？

イソ君　インカトレールを歩いたこと、そのこと自体が苦しくもあり楽しくもあった。

ユリ　高山病を克服し、4200メートルをどうにか越えて無事マチュピチュにたどりつけたこと。

――実際のマチュピチュは想像どおり？

イソ君　想像以上に神秘的で壮大なスケールで圧巻だった！　古代インカ人にはまさに感服です！

ユリ　私は妄想女ですが、マチュピチュのことはまるで知らなかったから想像もできなかった――。

――また行きたい？

イソ君　遠いから僕はもういい…。

ユリ　絶対また行きたいっ！　必ず行くっ!!

――これからインカトレールにチャレンジする人たちに何かアドバイスは？

イソ君　繰り返しになりますが、何といっても高山病に注意することでしょう。今クスコでは酸素ボンベも売られているとか。高地なので、常に呼吸を整えて、歩くペースを守ることでしょう。

ユリ　マイペースで行くことはあったりまえ。なによりも山の神パチャママに感謝の祈りを捧げることを絶対忘れないでね！

イソ君　なんか、上から目線じゃない？

――初の旅本の感想は？

イソ君　ちゃんとした本にするとなると、不都合な点がたくさんたくさん出てきて焦りました。まったくカミさんの原稿がいい加減だったから、手直しがメチャクチャ大変だった（睨む）。

まあ、やりがいのある苦労だったけど…。僕にとっても記念すべき本なので、一人でも多くの人に読んでもらえたら嬉しいですね。

ユリ　ともかく一冊の本にまとめて下さって、…本当に、…本当にありがとうございました（涙）。

イソ君　うそ泣きだっ！

マチュピチュに行ってきた!!

2011年11月20日　第1刷発行

著者　イソ製作所
協力　PROMPERU ペルー政府貿易観光庁
ブックデザイン　鈴木成一デザイン室
発行者　首藤知哉
発行所　いそっぷ社
〒146-0085 東京都大田区久が原5-5-9
電話 03（3754）8119
印刷・製本　シナノ印刷株式会社

落丁、乱丁本はおとりかえいたします。

ISBN978-4-900963-53-5
定価はカバーに表示してあります。

マチュピチュとアマゾンを堪能していただけましたか？またいつかどこかでお会いしましょう！
コイツが連れて行ってくれる旅行はいつも苦行ばかりなのよね
たまにはこんな所がいいなっ！
イエイ
ザ〜ン
パシャ
パシャ